MIX
Papier aus verantwortungsvollen Quellen
Paper from responsible sources
FSC® C105338

Florian Marthaler

Mensch, Masse und Technik

Eine literatursoziologische Betrachtung der Industrialisierung

Diplomica Verlag GmbH

Marthaler, Florian: Mensch, Masse und Technik: Eine literatursoziologische Betrachtung der Industrialisierung. Hamburg, Diplomica Verlag GmbH 2013

Buch-ISBN: 978-3-8428-8354-3
PDF-eBook-ISBN: 978-3-8428-3354-8
Druck/Herstellung: Diplomica® Verlag GmbH, Hamburg, 2013

Bibliografische Information der Deutschen Nationalbibliothek:
Die Deutsche Nationalbibliothek verzeichnet diese Publikation in der Deutschen Nationalbibliografie; detaillierte bibliografische Daten sind im Internet über http://dnb.d-nb.de abrufbar.

Hermannstal 119k, 22119 Hamburg
http://www.diplomica-verlag.de, Hamburg 2013
Printed in Germany

Inhaltsverzeichnis

1. Einleitung

Ziel dieser Studie ist die Untersuchung des Verhältnisses von technischer Entwicklung und gesellschaftlicher Wahrnehmung während der Epoche der industriellen Revolution. Dies soll anhand einiger ausgewählter literarischer Werke jener Zeit geschehen, da, so die Grundannahme der Untersuchung, zum einen die in der Wahrnehmung der zeitgenössischen Gesellschaft relevantesten Aspekte thematisiert werden, andererseits sich anhand des literaturgeschichtlichen Verlaufs Prozesse gesellschaftlicher Entwicklung nachverfolgen lassen.

Die Behandlung der einzelnen Werke erfolgt, sofern die thematische Hinführung dies zulässt, antichronologisch, um auf diese Weise den Ursprung des durch die Industrialisierung ausgelösten psychischen und gesellschaftlichen Transformationsprozesses herauszuarbeiten. Dieses Buch ist somit zwar im Kern eine literaturgeschichtliche Untersuchung, soll jedoch einen ausgeprägten literatursoziologischen Anteil enthalten. Daneben werden auch anthropologische, psychologische sowie religionswissenschaftliche Aspekte thematisiert, da diese für ein umfassendes Verständnis des hier behandelten Themenkomplexes unabdingbar sind. Die Betrachtung der literarischen Werke erfolgt also lose antichronologisch und beginnt demnach mit Spät- und Endphase der Industrialisierung. Diese Zeit wird anhand von Erich Maria Remarques Roman „Im Westen nichts Neues“ behandelt werden, da dieses Werk eine bis heute anhaltende Popularität und damit verbundene umfangreiche Wirkungsgeschichte aufweist.

Die Epoche der Hochindustrialisierung, also der Zeitraum zwischen den 1870er und 1890er Jahren, soll anhand dreier auf den ersten Blick sehr unterschiedlicher Werke behandelt werden, welche jeweils, wie sich zeigen wird, unterschiedliche Aspekte desselben gesellschaftlichen Transformationsprozesses thematisieren. Daher werden zunächst die Novellen „Bahnwärter Thiel“ von Gerhard Hauptmann und „Der Schimmelreiter“ von Theodor Storm untersucht, bevor mit Theodor Fontanes „Effi Briest“ ein weiter Roman Gegenstand dieser Arbeit sein wird.

Den Abschluss dieser Untersuchung bildet schließlich das Dramenfragment „Woyzeck“ von Georg Büchner. Da die Entstehung dieses Stückes in die Zeit der Frühindustrialisierung fällt, lassen sich hier die Ursprünge jener gesellschaftlichen Prozesse finden, die in den später verfassten literarischen Werken zum einen wieder aufgegriffen werden, zum anderen, in Anbetracht der zeitlichen Differenz zwischen den Werken, jedoch bereits eine deutlich andere Akzentuierung aufweisen.

Am Beginn der Untersuchung stehen jedoch zunächst einige anthropologische Überlegungen, um das Wesen der Technik selbst sowie das Verhältnis des Menschen zu dieser genauer zu erörtern. Diese Überlegungen spielen auch während der Untersuchung der literarischen Werke immer wieder eine Rolle.

Zudem soll der zeitliche und räumliche Rahmen, in welchem sich diese Studie bewegt, genauer definiert und erläutert werden.

2. Technik als anthropologische Konstante

Diese Untersuchung will nachweisen, dass die technische Entwicklung des 19. und beginnenden 20. Jahrhunderts die Wahrnehmung des Menschen in Bezug auf die Gesellschaft, seiner Rolle darin sowie der Deutung der Welt selbst entscheidend transformiert hat. Hierfür ist es zunächst erforderlich zu ergründen, worin das Wesen der Technik an sich begründet liegt und in welchem Verhältnis der Mensch zu diesem steht. Daher sind einige anthropologische Überlegungen notwendig.

Aufgrund seiner physiologischen wie ontogenetischen Beschaffenheit nimmt der Mensch eine gewisse Sonderrolle im Reich der Wirbeltiere ein.

Erst nach etwa einem Jahr erreicht ein menschlicher Säugling jenen Entwicklungsgrad, den andere Säugetiere bei der Geburt innehaben. Das menschliche Neugeborene ist also eine Art physiologische Frühgeburt. Dieses „extra-uterine Frühjahr“ wiederum ist von maßgeblicher Bedeutung für die menschliche Ontogenese. Entscheidende Ausbildungsphasen menschlichen Verhaltens entwickeln sich erst in direkter Wechselwirkung mit seiner Umwelt, was wiederum Ausdruck der menschlichen Weltoffenheit ist. Der Mensch ist ein „sekundärer Nesthocker“ und als solcher der einzige dieser Kategorie unter den Wirbeltieren. Somit sind nicht nur das Pflegeverhalten der Mutter, sondern der gesamte kommunikative Kontakt zu anderen Menschen in dieser Zeit und die unbestimmte offene Reizeinwirkung zentraler Bestandteil der menschlichen Ontogenese. Dem Menschen ist es daher vollkommen unmöglich, sich in völliger Isolierung zum Menschen zu entwickeln. Er ist also nicht Mensch quo seiner Geburt, sondern qua seines Werdens.[1]

Aufgrund seiner Instinktungebundenheit, der Loslösung von einem reinen konditionierten Reiz-Reaktionsschema, ist der Mensch in der Lage, seine Ontogenese selbst aktiv mitzugestalten. Er ist in der Lage, in Distanz zu sich selbst und zu seinen Handlungen zu treten und eine reflektierende exzentrische Position einzunehmen.

Dieser Weltoffenheit und Selbstbestimmtheit des Menschen entsprechen die Freiheit, Entscheidungsfähigkeit und potentielle Selbstgestaltung der Identitätsbildung.[2]

---

[1] Peter L. Berger/ Thomas Luckmann: Die gesellschaftliche Konstruktion der Wirklichkeit, S.49f

[2] Arnold Gehlen: Der Mensch – Seine Natur und seine Stellung in der Welt, S.45f

Die Kultur ist folglich die natürliche Lebensumwelt des Menschen. Keine menschliche Gemeinschaft lebt in der Natur von der Natur, jede hat Jagdtechniken, Waffen, Feuer und Geräte, welche die Umwelt den jeweils erwünschten Konditionen anzupassen in der Lage sind. Daher ist eine Differenzierung von Natur- und Kulturvölkern missverständlich. Ebenso ist die Unterscheidung von Kultur und Zivilisation ein sprachliches Konstrukt des abendländischen Kulturraumes, kann also nicht universalistisch gebraucht werden.

Der Mensch ist also nicht nur das Produkt seiner Umwelt, sondern, im Unterschied zum Tier, in der Lage, aktiv auf sein Umfeld einzuwirken und es durch aktives Handeln zu verändern.

Technische Handlungen wiederum sind solche Handlungen, welche zum Ziel haben, die Umwelt zu verbessern, ihre Stabilität zu gewährleisten und die Anstrengung, die sich aus der Auseinandersetzung mit ihr ergeben, aufzuheben oder zu vermindern. Technik ist somit das Gegenteil der Anpassung des Menschen an die Natur. Vielmehr passt der Mensch mithilfe der Technik die Natur seinen Bedürfnissen an.[3]

Nach dieser Definition ist Technik und Technisierung ein Prozess, der nicht nur bis in die frühesten Anfänge der Menschheit zurückreicht, sondern ein Elementarkriterium des Menschseins selbst darstellt.

2.1. Technik als gesellschaftsprägender Faktor

Die technische Entwicklung beginnt nach der oben genannten Definition also nicht mit dem Industriezeitalter, auch sind Maschinen zur Übertragung von Kräften weitaus älter, eine grundlegende Transformierung der gesamten Kultur durch die Technik ist allerdings ein Produkt der vergangenen zwei Jahrhunderte.

Zu Beginn des 19. Jahrhunderts rückten zwei weitere Aspekte in das Zentrum sozialer Wirklichkeit, die zuvor in der Peripherie verortet waren. Zum einen die kapitalistische Produktionsweise, zum anderen die moderne Naturwissenschaft. Diese drei Aspekte, Wirtschaft, Wissenschaft und Technik, begannen ab diesem Zeitpunkt in erheblichem Maße zu korrelieren und schufen in ihrem Zusammenspiel das, was heute als die „moderne Gesellschaft" bezeichnet wird.[4] Auf die Verbindung von Naturwissenschaft und technischer Entwicklung

[3] Josè Ortega y Gasset: Betrachtungen über die Technik, S.14

[4] Arnold Gehlen: Die Seele im technischen Zeitalter, S.12

soll an späterer Stelle näher eingegangen werden, ebenso wie auf die Rolle der Naturwissenschaft als Gegenspieler und Nachfolger des Feudalismus. Dass diese wechselseitige Bedingtheit auch und insbesondere in der Kriegstechnik zur Anwendung kam, soll in dem ersten zu untersuchenden literarischen Werk eine entscheidende Rolle spielen.

2.2 Zeitliche Verortung der Industrialisierung

Mit dem Begriff der „industriellen Revolution“ ist zumeist eine Vorstellung von einem Phänomen verbunden, welches gegen Mitte des 19. Jahrhunderts in Großbritannien seinen Anfang nahm und in den 1870er Jahren den europäischen Kontinent erreichte. Im Rahmen dieser Studie soll der Begriff jedoch bewusst weiter gefasst sein, um eine möglichst große Anzahl sozialer, politischer und daraus resultierender literarischer Phänomene abdecken zu können.

Der heute führende Statistiker Angus Maddison sieht, vom ökonomischen Standpunkt ausgehend, den Beginn der industriellen Revolution in Großbritannien bereits in den 1820er Jahren, einer Phase der Wende von weltweiter Stagnation hin zu dynamischerer und ökonomisch intensiverer Entwicklung, was dazu führte, dass das aus industriellen Produktionsmitteln resultierende Wirtschaftswachstum schließlich die Grenzen der britischen Insel überwand und das europäische Festland erreichte. Der Höhepunkt dieser Entwicklung liegt in den 1880er und 1890er Jahren. In diesen Jahrzehnten trat die industrielle Revolution in eine neue Phase ein, weshalb in historischen Abhandlungen zuweilen ist diesem Zusammenhang auch von einer „zweiten industriellen Revolution jenseits der Dampfmaschine“ oder „Hochindustrialisierung“ die Rede ist. In diese Zeit fallen Erfindungen wie die Glühlampe (1876), das Automobil (1885), die Rundfunkübertragung (1895) sowie, im Jahr 1884, das Maschinengewehr.[5] Die grundlegende Transformation der Welt durch die industrielle Revolution zog nicht nur wirtschaftliche, sondern auch politische, psychologische und soziale Konsequenzen nach sich, welche sich wiederum literarisch darstellten.[6]

Zum ersten massenhaften militärischen Einsatz industriell erzeugter Güter kam es im Ersten Weltkrieg, welcher somit zwar den grausamen, wenn auch konsequenten, Höhepunkt der industriellen Revolution darstellt, politisch gleichsam jedoch auch das Ende dieser Epoche bedeutete. Insofern ist es notwendig, die aus der industriellen Produktionsweise resultierende

[5] Jürgen Osterhammel: Die Verwandlung der Welt – Eine Geschichte des 19.Jahrhunderts, S.108ff

[6] Arnold Gehlen: Die Seele im technischen Zeitalter, S.13

Waffentechnik und die damit einher gehenden Veränderungen in der Kriegsführung sowie deren literarische Aufarbeitung näher zu untersuchen.

Hieraus ergibt sich der zeitliche Rahmen dieser Untersuchung. Mit „industrieller Revolution“ sei im weiteren Sinne im Folgenden der Zeitraum von 1820 bis 1920 zu verstehen.

2.3. Räumliche Verortung der Epoche

Weite Teile der Welt sahen nach 1900 vollkommen anders aus als noch zu Beginn des 19. Jahrhunderts, die hierfür entscheidende Ursache war die industrielle Entwicklung. Die Industrialisierung gilt als Merkmal eines „europäischen Sonderweges“. Tatsächlich lässt sich die Industrialisierung vor Allem auf dem europäischen Kontinent verfolgen, jedoch wäre es falsch, sie deshalb als rein europäisches Phänomen zu betrachten. Erstens, da in den Jahren nach 1880 auch außereuropäische Länder wie die USA, Japan und Australien industrielle Strukturen etablierten, zweitens, da noch nach 1920 europäische Staaten wie Italien, Spanien oder Russland keine Industrie von gesellschaftlich prägendem Ausmaß schaffen konnten.[7] Diese Untersuchung wird sich, was die literarischen Werke anbelangt, auf den deutschen Sprachraum beschränken, jedoch bei der Analyse der zugrundeliegenden sozialen und ökonomischen Faktoren auch einige gesellschaftliche und politische Aspekte einbeziehen, welche ihren Ursprung außerhalb des deutschen Kulturraums haben.

2.4. Einige grundlegende Neuerungen der Epoche

Seit Beginn der europäischen Geschichte, also etwa dem 6. Jahrhundert, bis zum Jahr 1800 lag die Einwohnerzahl des Kontinents relativ konstant bei 180 Millionen. Zwischen 1800 und 1914, also etwas mehr als einem Jahrhundert, stieg die Zahl auf etwa 460 Millionen an.[8]Einer der Gründe für dieses rapide Wachstum war eine Verbesserung der allgemeinen Hygiene und Ernährung, was wiederum eine höhere Lebenserwartung bei gleichzeitiger Abnahme der Kindersterblichkeit zur Folge hatte. Dieses Anwachsen der Population wiederum machte eine gesellschaftliche Re- und Selbstorganisierung in erheblichem Maße notwendig.

[7] Jürgen Osterhammel: Die Verwandlung der Welt – Eine Geschichte des 19.Jahrhunderts, S.108ff

[8] Josè Ortega y Gasset: Der Aufstand der Massen, S.48

Das Großbürgertum und die Naturwissenschaft wurden als Machtfaktor relevant, es drängte in Positionen, welche zuvor dem Adel vorbehalten waren. Dieser Umstand, in Verbindung mit anderen Faktoren wie der funktionalen Ausdifferenzierung, schuf einen neuen Menschentypus, den Massenmenschen, auf dessen besondere psychische Charakteristika an späterer Stelle näher eingegangen werden soll.

Eine weitere Folge des enormen Bevölkerungswachstums war die Notwendigkeit, neue Formen der Identitäts- und Gruppenbildung zu schaffen. So gewann als gesellschaftlicher Faktor der Nationalismus an Bedeutung, dessen Radikalisierung wiederum eine der Ursachen war, welche den ersten Weltkrieg herbeiführten.

2.5 Industrialisierung als „ultimative Kulturschwelle"

Die Industrialisierung bewirkte eine grundlegende psychische und kulturelle Transformation der Welt, welche in ihrem Tiefgang nur mit der Neolithischen Revolution, also dem Übergang von der Jäger- und Sammlerkultur zur Agrargesellschaft, vergleichbar ist.[9]

Arnold Gehlen spricht in diesem Zusammenhang von einer „ultimativen Kulturschwelle". Im Falle beider Revolutionen, der Neolithischen wie der Industriellen, war die geistige und moralische Umwälzung total. Allerdings dauerte die Umstellung des Menschen vom Jäger und Sammler zum Bauern viele Jahrhunderte, während die industrielle Revolution innerhalb weniger Jahrzehnte von Statten ging. Eine solche „ultimative Kulturschwelle" bedeutet mehr als nur eine Transformation der Wirtschaft, vielmehr sind sämtliche Lebensbereiche betroffen.

Durch die neolithische Revolution erreichten Familien- und Gruppenzugehörigkeit einen neuen Grad der Ausdifferenzierung, Herrschaftsformen und -gebiete von bis dahin nicht geahnten Ausmaßen entwickelten sich, eine gesamte Mythologie entstand oder änderte sich grundlegend.

Die ökonomische Basis der Menschheit von der neolithischen bis zur industriellen Revolution war die Vieh- und Landwirtschaft. Diese Tatsache hatte auch moralische Konsequenzen. Die Abhängigkeit von natürlichen Wachstumsprozessen erfordert eine gewisse Wechselseitigkeit. Bei der Bewirtschaftung des Lebendigen, also Tieren und Pflanzen, fallen soziale, ethische

---

[9] Arnold Gehlen: Die Seele im technischen Zeitalter, S.24

und ökonomische Kategorien zusammen, Kapitalbildung ist sozusagen ein ontologischer Prozess. Bis heute hat daher das Eigentum in allen Agrargesellschaften einen besonderen moralischen, bisweilen heiligen Stellenwert.

Die Industrialisierung und die damit verbundene Arbeit mit anorganischen Stoffen und Maschinen, also das Freimachen von natürlichen Wachstumsprozessen und klimatischen Bedingungen, transformierte nicht nur das Verhältnis des Menschen zu Eigentum und Besitz, sondern vielmehr die gesamte Wahrnehmung seiner Umwelt.[10]

Gegenüber der anorganischen Natur, also Metall, Kohle oder Elektrizität, existiert keine Vorstellung einer ethischen Beschränkung. Grenzen der Ausbeutung und Nutzbarmachung sind, wenn überhaupt, lediglich technischer Natur, wobei diese aus der technischen Denkweise selbst heraus als lediglich vorläufig wahrgenommen werden.[11] Die unbegrenzte Verfügbarkeit des Anorganischen, verbunden mit mangelnder Moralität hinsichtlich dessen Ausbeutung, führte, in der Endphase der Industrialisierung, dazu, dass schließlich auch das Organische, in letzter Konsequenz schließlich der Mensch selbst, als massenhaft verfügbares Material betrachtet wurde.

---

[10] Arnold Gehlen: Die Seele im technischen Zeitalter, S.80

[11] ebd., S.83

3. Erich Maria Remarque: „Im Westen nichts Neues“

In Anbetracht seiner Wirkungsgeschichte, der relativen Nähe zu der Zeit des Ersten Weltkriegs, welche er thematisiert, sowie seiner bis in die Gegenwart anhaltenden Popularität soll Remarques Roman den literarischen Einstieg in diese Untersuchung bilden.

Der Roman erschien im Jahr 1928, seine Entstehung liegt somit streng genommen außerhalb der Zeit, welche gewöhnlich mit der industriellen Revolution assoziiert wird.

Obwohl etwa zeitgleich oder kurz vor der Veröffentlichung von „Im Westen nichts Neues“ literarisch gleichwertige oder sogar bessere Werke zu dieser Thematik entstanden, reichte keines davon auch nur annähernd an den Erfolg von Remarques Buch heran. Knapp drei Wochen nach der Veröffentlichung am 31.1.1929 waren bereits 100.000 Exemplare verkauft worden, am 7.5. waren es 500.000, am 1.7.1930 wurde die Millionengrenze überschritten. Zu diesem Zeitpunkt lag das Buch bereits in 23 Übersetzungen vor.

3.1 Rezeption, Rezension und Wirkung

Remarques Roman erschien ursprünglich vom 12. November bis zum 9. Dezember 1928 als Fortsetzungsgeschichte in der „Vossischen Zeitung“, das Buch folgte am 31. Januar 1929. Zehn Jahre nach Kriegsende traf es den Nerv des Publikums, indem es den Mythos der „verlorenen Generation“ mit einer gewissen deutschen Eigenart aufgriff. Dem enormen Erfolg, den das Werk beim Publikum hatte, folgte eine vehemente politische Debatte, an welcher alle politischen Lager gleichermaßen beteiligt waren. Der Vorwurf von beiden Seiten des politischen Spektrums glich sich: Remarque habe nicht eindeutig Position für oder wider das Kriegsgeschehen bezogen.

Die radikale Linke, darunter Carl von Ossietzky, Siegfried Kracauer und Anna Seghers kritisierten die von Remarque demonstrativ dargestellte Neutralität sowie die daraus resultierende ambivalente Wirkmächtigkeit. Gleichzeitig bemängelten sie in Remarques Roman das Fehlen einer Analyse der gesellschaftlichen Ursachen des Krieges.

Die extreme Rechte begriff das Buch hingegen als eine „Entheiligung des großen Ringens des deutschen Frontsoldaten“, als Darstellung des „heroischen Krieges aus der Latrinenperspektive". Anders als die Linke fasste die extreme Rechte das Werk Remarques unmittelbar als Politikum auf, als eine „Speerspitze gegen die Dolchstoßlegende".[12]

3.2 Die Auswirkungen des ersten Weltkriegs

Der Erste Weltkrieg stellt also in gewisser Hinsicht sowohl Höhepunkt als auch Ende der industriellen Revolution dar. Einige seiner Auswirkungen, etwa im allgemeinen Sprachgebrauch, sind bis in unsere Gegenwart spürbar.

Hatte das Zeitalter der Millionenheere bereits während der Französischen Revolution mit der Einführung der allgemeinen Wehrpflicht begonnen, erreichte es während des Ersten Weltkrieges eine neue Dimension. Im Deutschen Reich standen während des Krieges durchschnittlich knapp sieben Millionen Männer unter Waffen. Diese mussten ausgerüstet werden. Die Kriegswirtschaft erreichte daher aufgrund der gewaltigen Material- und Blutschlachten im ersten Weltkrieg zuvor ungekannte Ausmaße. An einigen Tagen des Krieges wurde mehr Munition verschossen als während des gesamten Deutsch-Französischen Krieges von 1870/71. Die völlige Industrialisierung der Kriegsführung zeigte sich auch in der tausendfachen Produktion von Geschützen, Maschinengewehren, Panzern und Kampfflugzeugen.

Einige Redewendungen dieser Zeit, welche unmittelbar mit der industriellen Kriegsproduktion und Logistik zusammenhingen, sind bis in unsere Gegenwart hinein gebräuchlich. So ist etwa neben der Aussage „Ich versteh` nur Bahnhof", auf dessen Ursprung an späterer Stelle näher eingegangen werden soll, die Bezeichnung „08/15" bis heute Teil des allgemeinen Sprachgebrauchs. Dieser Begriff, mit dem in der Gegenwart für gewöhnlich etwas massenhaft Vorhandenes und damit Durchschnittliches bezeichnet wird, geht zurück auf die Typenbezeichnung des ersten Maschinengewehrs, welches standardisiert von allen Heeresgruppen verwendet wurde.

Sowohl der Begriff „Tarnung" als auch das Verb „tarnen" setzten sich im Umfeld des Ersten Weltkriegs im deutschen Wortschatz durch. Um nicht mehr das aus dem Französischen stammende Wort „camouflieren" verwenden zu müssen, benötigte man ein deutsches Wort für „verstecken" oder „verbergen", das aber dennoch nicht die Konnotation von Feigheit haben sollte. In dieser Situation lebte das lange vergessene mittelhochdeutsche Wort „tarnen"

[12] Günther Oesterle: Das Kriegserlebnis im für und wider: „Im Westen nichts Neues" von Erich Maria Remarque, S. 213ff

wieder auf, welches seit dem 19. Jahrhundert etwa in „Tarnkappe“ durch deutsche Literaten aufgegriffen worden war.

Der erste Weltkrieg veränderte den europäischen Kontinent für immer, politisch, wirtschaftlich, gesellschaftlich und mental. Er bedeutete das Ende einer jahrhundertealten Ordnung, der Hegemonie Europas in der Welt und der Vormachtstellung Deutschlands in Europa. An die Stelle einer positiven Zukunftserwartung weiteren Fortschritts und steigenden Wohlstands trat Armut, Chaos und Verwirrung. Dabei waren die Auswirkungen, welche ein Krieg hochindustrialisierter Staaten nach sich ziehen würde, einigen Zeitgenossen durchaus bewusst. So schrieb Friedrich Engels bereits im Jahr 1887:

„[...] kein anderer Krieg für Preußen-Deutschland mehr möglich, als ein Weltkrieg, und zwar ein Weltkrieg von einer nie gekannten Ausdehnung und Heftigkeit. Acht bis zehn Millionen Soldaten werden sich untereinander abwürgen. (...) Die Verwüstungen des dreißigjährigen Krieges zusammengedrängt in drei bis vier Jahre, (...) und der Zusammenbruch der alten Staaten und ihrer traditionellen Staatsweisheit derart, daß die Kronen zu Dutzenden über das Straßenpflaster rollen (...).“[13]

Dass technische Entwicklung, insbesondere jene der industriellen Revolution, durchaus Katalysator für einen politischen und gesellschaftlichen Systemwechsel sein kann und dieses auch war, soll an späterer Stelle genauer erörtert werden.

3.3 Remarques Darstellung des Kriegsgeschehens

Der Krieg wird in Remarques Roman als gegebene Tatsache dargestellt und von den Figuren als solche hingenommen und erduldet. Eine Analyse der politischen und sozialen Faktoren, welche zu diesem Zustand hinführten, fehlt fast völlig, die näheren Umstände werden von Seiten des Erzählers nicht reflektiert. Ebenso fehlt fast vollständig die Darstellung einer militärischen Kommandostruktur. Die Einsätze der Gruppe um die Hauptfigur Paul Bäumer scheinen ohne Befehlshaber stattzufinden, ihre Ziele werden, wenn überhaupt, nur indirekt wiedergegeben:

---

[13] Hubert Rüter: Erich Maria Remarque. Im Westen nichts Neues. Ein Bestseller der Kriegsliteratur im Kontext, S.18

„Es soll eine Patrouille ausgeschickt werden, um festzustellen, ob die feindliche Stellung überhaupt noch besetzt ist (S.117).“

Der Krieg erscheint als eine Naturgewalt, gewaltig, unentrinnbar und nicht analysierbar. Kampfhandlungen werden als eine Folge des Erleidens von Angriffen wahrgenommen, die Bedrohung bleibt anonym. Die kriegerische Aktivität kommt stets von außen, von einem, von der „Duval-Episode“ abgesehen, nicht näher individualisierten Kriegsgegner. Die Handlungen der Figuren beschränken sich auf reine Reaktion und Apathie:[14]

„Der Krieg ist eine Todesursache wie Krebs oder Tuberkulose, wie Grippe oder Ruhr. Die Todesfälle sind nur häufiger, verschiedenartiger und grausamer (S.149)“

3.4 Frontalltag und Kasernenhofdrill

Die Darstellung des Krieges in „Im Westen nichts Neues“ ist also eher mit der eines Naturphänomens denn der eines politischen Ereignisses vergleichbar. Das Individuum ist der Übermacht der Kriegsmaschinerie gnadenlos ausgeliefert, als Feind erscheint weniger die gegnerische Kriegspartei als der Krieg selbst.

Der Roman nennt einige Faktoren, welche den Soldaten das Überleben angesichts dieser Übermacht des Todes zu sichern imstande sind. Auch wenn in Remarques Werk der Drill des Kasernenhofs und Frontalltag einander scharf kontrastierend gegenübergestellt werden, schafft doch die militärische Ausbildung gewisse charakterliche Grundvoraussetzungen für den späteren Kriegseinsatz. Ziel des Drills ist ein Aufgeben der Persönlichkeit:

„Wir wurden zehn Wochen militärisch ausgebildet und in dieser Zeit entscheidender umgestaltet als in zehn Jahren Schulzeit (S.19).“

Auch wenn den Figuren die Einsicht in die Notwendigkeit der Übungen fehlt, Bäumer empfindet den Drill als *„Dressur“*, erlaubt die beschriebene charakterliche Transformierung den Figuren ein Überleben an der Front:

„Wir wurden hart, misstrauisch, mitleidlos, rachsüchtig, roh – und das war gut; denn diese Eigenschaften fehlten uns gerade.“

---

[14] Hubert Rüter: Erich Maria Remarque. Im Westen nichts Neues. Ein Bestseller der Kriegsliteratur im Kontext, S.85ff

Auch wenn das Überleben letztendlich vom Zufall abhängt, schaffen die Brechung und Umstrukturierung der Persönlichkeit während der militärischen Ausbildung eine charakterliche Grunddisposition, welche die Überlebenschance der Soldaten zumindest erhöht:

„Wenn wir statt in dem festen Unterstand in einem der leichten Dinger säßen, wie sie neuerdings gebaut werden, lebte jetzt keiner mehr. Wir wären verschüttet oder tot." (S.66).

Dies zeigt sich in jenen Szenen, welche kontrastierend das Verhalten der Soldaten zeigen, welche diese Ausbildung nicht oder nur unvollständig durchlaufen haben. Sie verlieren die Kontrolle oder werden wahnsinnig:

„Einer reißt aus und läuft weg. Wir haben Mühe mit den beiden anderen. Ich stürze hinter dem Flüchtenden her und überlege, ob ich ihm in die Beine schießen soll – da pfeift es heran, ich werfe mich hin, und als ich aufstehe, ist die Grabenwand mit heißen Splittern, Fleischfetzen und Uniformlappen gepflastert. Ich klettere zurück." (S.66).

Unmittelbar im Anschluss an diese Schilderung spielen die Soldaten Skat. An dieser Stelle zeigt sich in besonderer Deutlichkeit, welchen Grad der mentalen Abstumpfung die Ausbildung sowie der langjährige Fronteinsatz bei den Soldaten hervorgerufen hat.

Die Ausbildung der Soldaten wurde vor und während des ersten Weltkriegs revidiert, um den Anforderungen des industrialisierten Stellungskrieges und der damit verbundenen Materialschlachten Rechnung zu tragen. Vor dem Ersten Weltkrieg, etwa während des Deutsch-Französischen Krieges von 1870/71, war die allgemeine Vorstellung von Krieg noch von offenen Feldschlachten und geordneten Schlachtformationen geprägt, in welchen der Soldat dem Feind heldenhaft und ritterlich gegenübertreten sollte. Dieses Ideal war in Zeiten des Stellungskrieges nicht länger praktikabel. So verschob sich während und nach dem Krieg das Ausbildungsziel des Soldaten von Tapferkeit und Heldenmut hin zur vollständigen Abhärtung, Emotionslosigkeit und grenzenlosen Belastbarkeit.

Die ursprüngliche Intention der Technik, die Anpassung der Umwelt an die Bedürfnisse des Menschen, ist hier ins Gegenteil verkehrt. Der Mensch passt sich der sich ihm entzogenen Technik an, welche er wiederum als Umwelt, gewissermaßen als Natur wahrnimmt.
Mentale Passivität und Primitivität sind reine Überlebensstrategien, ein höheres Maß an Reflexion über das eigene Schicksal würde unweigerlich zum Untergang führen:

„Das Grauen lässt sich ertragen, solange man sich einfach duckt – aber es tötet, wenn man darüber nachdenkt“ (S.81).

Mehrfach vergleicht Remarque das Verhalten der Soldaten mit wilden Tieren oder „Menschentieren“, wobei die damit verbundene Aggression nicht zum Angriff, sondern zur Verteidigung des eigenen Lebens verwand wird:

„Wir kämpfen nicht, wir verteidigen uns vor der Vernichtung. Wir schleudern die Granaten nicht gegen Menschen, was wissen wir im Augenblick davon, dort hetzt mit Händen und Helmen der Tod hinter uns her, wir können ihm seit drei Tagen zum ersten Mal ins Gesicht sehen, wir können uns seit drei Tagen zum ersten Mal wehren gegen ihn, wir haben eine wahnsinnige Wut, wir legen nicht mehr ohnmächtig wartend auf dem Schafott, wir können zerstören und töten, um uns zu retten und zu rächen“ (S.67).

Erzwungene Passivität, nervliche Anspannung und Apathie entlädt sich an dieser Stelle in einem Blutrausch, welcher jedoch nicht auf einen konkreten Feind gerichtet ist, sondern einzig der Erhaltung des eigenen Lebens dient.[15]

Diese in der oben zitierten Passage beschriebene Wut resultiert nun wiederum aus einer gewissen Anonymisierung des Kriegsgeschehens, welche wiederum ein direktes Resultat der technischen Entwicklung, insbesondere der Kriegsmaschinerie, ist.

„Die Geschütze, die uns das Trommelfeuer herüberschicken, sehen wir nicht, die angreifenden Linien sind Menschen wie wir – aber diese Tanks sind Maschinen, ihre Kettenräder laufen endlos, wie der Krieg, sie sind die Vernichtung, [...], eine Flotte brüllender, rauchspeiender Panzer, unverwundbare, Tote und Verwundete zerquetschende Stahltiere“ (S.154).

3.5 Beschreibung der Kriegsmaschinerie

Der Krieg ist, wenngleich künstlich erzeugt, gewissermaßen die natürliche Umwelt der Soldaten. Eine bedrohliche Natur, dem die Figuren hilflos ausgeliefert sehen, die sich der Analyse ihrerseits entzieht und die es zu ertragen und zu überleben gilt:

---

[15] Hubert Rüter: Erich Maria Remarque. Im Westen nichts Neues. Ein Bestseller der Kriegsliteratur im Kontext , S.130ff

„Die Luft wird diesig von Geschützhauch und Nebel. Man schmeckt den Pulverqualm bitter auf der Zunge. Die Abschüsse krachen, daß unser Wagen bebt, das Echo rollt tosend hinterher, alles schwankt. [...] Aber der dumpfe Hall der Einschläge dringt nicht herüber. Er ertrinkt im Gemurmel der Front. Kat horcht hinaus: „Diese Nacht gibt es Kattun." Wir horchen alle. Die Front ist unruhig." (S.35)

Die Front gleicht dieser Beschreibung nach einem lebendigen Wesen, die Ereignisse werden mit fatalistischer Gleichgültigkeit und Apathie hingenommen. Dabei greift Remarque bei der Schilderung der Fronterlebnisse wiederholt auf Analogien und Metaphern zurück, welche der Naturbeschreibung entlehnt sind.

„Jeder fühlt es mit, wie die schweren Geschosse die Grabenbrüstung wegreißen, wie sie die Böschung durchwühlen und die obersten Betonklötze zerfetzen. Wir merken den dumpferen, rasenderen Schlag, der dem Prankenhieb eines fauchenden Raubtieres gleicht, wenn der Schuß im Graben sitzt" (S.63).

„Dazwischen orgeln aber auch die großen Kohlekästen, die ganz schweren Brocken durch die Nacht und landen weit hinter uns. Sie haben einen röhrenden, heiseren, entfernten Ruf wie Hirsche in der Brunst, und ziehen hoch über dem Geheul und Gepfeife der kleineren Geschosse ihre Bahn" (S.38).

Diese Form der Verarbeitung des traumatisierenden Schreckens und der Anonymisierung des Tötens, welche wiederum Resultat der verbesserten Kriegstechnik, vor Allem der höheren Reichweite der Artillerie, ist, begünstigt und verstärkt die mentale Abstumpfung zusätzlich. Für den einfachen Frontsoldaten bleibt der Kriegsgegner die meiste Zeit über unsichtbar, die vergrößerte Reichweite der Geschosse führt dazu, dass diese im Bewusstsein der Soldaten als Naturphänomen erscheinen. Von einem Geschoss getötet zu werden erscheint als ebenso zufällig wie etwa durch einen Blitz erschlagen zu werden:

„Die Front ist ein Käfig, in dem man nervös warten muß auf das, was geschehen wird. Wir liegen unter dem Gitter der Granatbogen und leben in der Spannung des Ungewissen. Über uns schwebt der Zufall. Wenn ein Geschoss kommt, kann ich mich ducken, das ist alles. Wohin es schlägt, kann ich weder genau wissen noch beeinflussen. Dieser Zufall ist es, der uns gleichgültig macht" (S.60).

3.6 Entwicklung der Kriegsindustrie

Eine allgemeine Tendenz der industriellen Epoche war die systematische Anwendung von Wissen auf Probleme militärischer Effektivität. Ein Produkt des 19. Jahrhunderts war die Verdichtung, Flexibilisierung und Systematisierung von Kommandostrukturen. Preußen hatte, noch bevor es über industrielle Machtmittel verfügte, durch eine umfassende Heeresreform sein militärisches Potential enorm verstärkt.

Technisches Wissen hat sich, in allen Kulturen und zu allen Zeiten, immer besonders deutlich in der Kriegstechnik manifestiert. Im Laufe des 19. Jahrhunderts entwickelte sich aus der halbstaatlichen Magazinwirtschaft ein industrieller Rüstungskomplex. In mehreren Nationalstaaten gewannen ab den 1850er Jahren in diesem Kontext quantitative Unterschiede der Bewaffnung einen entscheidenden Einfluss auf das Kriegsgeschehen. Zwischen den Industriestaaten entwickelten sich Rüstungswettläufe, welche wiederum zum permanenten Merkmal internationaler Beziehungen avancierten.

Die Produktion fortschrittlicher Rüstungsgüter erforderte einen hohen industriellen Standard, welchen nur wenige Nationen aufzubringen in der Lage waren. Nur in einigen Fällen, etwa während des amerikanischen Bürgerkrieges, setzten sich industrielle Produktionsweisen unmittelbar in militärische Überlegenheit um. Dies verhinderte jedoch nicht, dass vor allem neu entwickeltes Infanteriegerät weltweit Verbreitung fand, da ein florierender internationaler Waffenhandel den Bedarf weniger industriell entwickelter Länder zu decken in der Lage war. Firmen wie Krupp in Deutschland oder Armstrong in England verdienten an Krieg und Rüstungswettstreit. Sie gehörten damit im Krieg zu den eigentlichen Gewinnern. Auch wenn in Remarques Roman eine Analyse der gesellschaftlichen Hintergründe des Krieges fehlt, so wird dieser Aspekt durchaus thematisiert.

„Wir aber sind mager und ausgehungert. Unser Essen ist so schlecht und mit so viel Ersatzmitteln gestreckt, daß wir krank davon werden. Die Fabrikbesitzer in Deutschland sind reiche Leute geworden – uns zerschrinnt die Ruhr die Därme“ (S.153).

Die Verbreitung europäischer Rüstungsgüter war jedoch kein alleiniges Phänomen der Industrialisierung. Bereits in der frühen Neuzeit versorgten deutsche und portugiesische

Waffenschmiede Chinesen, Inder und Japaner systematisch mit Militärgerät.[16] Hier zeigt sich ein weiterer Aspekt technischer Entwicklung. Unabhängig von kulturellen und ideologischen

[16] Jürgen Osterhammel: Die Verwandlung der Welt – Eine Geschichte des 19.Jahrhunderts, S.694ff

Schranken setzt sich im direkten Vergleich stets die überlegene Technik durch und verdrängt dadurch die bisherige. Im Fall der Kriegstechnik ist dieser direkte Vergleich der Technologien am offenkundigsten, er betrifft jedoch durchweg alle Bereiche technischer Entwicklung.

Krieg und Kriegstechnik war und ist immer ein Beschleuniger und Katalysator technischer Entwicklung. Dies betrifft jedoch nicht nur das reine Kriegsgeschehen selbst, sondern ebenso Bereiche menschlichen Zusammenlebens, die von den unmittelbaren Kriegszusammenhängen zunächst ausgenommen scheinen, etwa Infrastruktur, Ökonomie und städtebauliche Maßnahmen.

3.6.1 Kriegstechnik und Städtebau

Noch im 18. Jahrhundert war die überwiegende Mehrzahl der deutschen Städte von einer Mauer umgeben, Handwerksbetriebe und Manufakturen mussten außerhalb der Stadt errichtet werden und waren daher Angriffen schutzlos ausgeliefert. Die Handelsbefugnisse wurden vom Stadtrat zentral verwaltet und über Gilden und Zünfte koordiniert. Für die Gründung eines neuen Betriebes war es daher erforderlich, entweder eine verwaiste Lizenz zu erwerben oder in eine bereits bestehende Handwerksfamilie einzuheiraten. Folge war eine Stagnation der Wirtschaftsleistung einer Stadt.

Ab den 1750er Jahren begannen die größeren europäischen Städte damit, ihre Ringmauern abzutragen, an deren Stelle wurden häufig Ringstraßen angelegt.

Im 19. Jahrhundert legten viele Städte zusätzlich Sternstraßen an, entlang derer wirtschaftliche Ansiedlungen und Villenviertel entstanden. Das Wachstum der Bevölkerung, der Wirtschaft und der Infrastruktur einer Stadt war nun nicht länger durch die Stadtmauer physisch begrenzt. Mit dem 19. Jahrhundert entwickelten sich die Großstädte Europas zu Wirtschaftszentren, was die industrielle Entwicklung wiederum zusätzlich beschleunigte.[17]

Diese Entwicklung war maßgeblich durch den militärtechnischen Fortschritt bedingt. Die Verbesserung von Feuerkraft und Reichweite der Geschütze machte die Stadtmauern überflüssig, da sie diesen ohnehin nicht standhalten konnten. Stattdessen übernahmen neue Armeen die Landessicherung und Verteidigung.

[17]. Jürgen Osterhammel: Die Verwandlung der Welt – Eine Geschichte des 19.Jahrhunderts, S. 432ff

3.7. Ich versteh` nur Bahnhof!

Die technische Entwicklung folgt stets der Tendenz, organische Materialien durch Anorganisches zu ersetzen, da anorganische Werkstoffe ein wesentlich höheres Maß an Manipulierbarkeit aufweisen und daher eine Befreiung von natürlichen Wachstumsprozessen ermöglichen. Diese Tendenz erreichte während der industriellen Revolution mit der massenhaften Verarbeitung von Metallen ihren ersten Höhepunkt.

Zwar ist die Geschichte der Metallverarbeitung weitaus älter, die Epochenbezeichnungen der Bronze- bzw. Eisenzeit zeugen von ihrer Bedeutung für die menschliche Kulturgeschichte, doch noch im Mittelalter waren Schiffe, Brücken, Wagen und Werkzeuge zum größten Teil aus Holz. Das Metall ersetzte im 19. Und 20. Jahrhundert zunehmend organische Stoffe, wie auch die Kraftquellen zunehmend von der tierischen auf die anorganischen, also Kohle, Erdöl und Dampf, umgestellt wurde.

Die Konsequenz aus dieser Umstellung war die Emanzipation kultureller sowie technischer Entwicklung von natürlichen Wachstumsprozessen.[18]

Eines der prägendsten Resultate jener Entwicklung war die Erfindung und Etablierung der Eisenbahn. In seinen Möglichkeiten war der Schienenverkehr, wie die Mehrzahl technischer Innovationen, zunächst wert- und kulturneutral, die Nutzung der Eisenbahn jedoch so konstruktiv und destruktiv wie der Mensch selbst.

In den Kriegen des 19. Jahrhunderts zeigte sich die strategisch überragende Bedeutung eines gut ausgebauten Schienenverkehrssystems. Insbesondere der Deutsch-Französische Krieg von 1870/71 gilt als Beispiel für die kriegsentscheidenden Vorteile eisenbahngestützter Truppenmobilisierung und -versorgung. Ihren Höhepunkt erreichte die militärische Bedeutung der Eisenbahn im Ersten Weltkrieg.

Wilhelm Groener, von 1912-1916 Chef der Eisenbahnabteilung im Großen Generalstab, sprach in diesem Zusammenhang davon, dass sich der Krieg zu einem regelrechten *„Eisenbahnkrieg"* entwickle. Da *„Mobilmachung"* mit dem Beginn des ersten Weltkriegs nicht mehr nur länger das Heer, sondern auch große Teile der Wirtschaft sowie der gesamten Gesellschaft betraf, wurden auch die Eisenbahnen zunehmend in den militärischen Apparat und

[18] Arnold Gehlen: Die Seele im technischen Zeitalter, S.9

dessen Kommandostruktur integriert. Diese Einbindung war im Vorfeld detailliert ausgearbeitet und geplant worden und erfolgte innerhalb weniger Wochen nach Kriegsbeginn.[19]

Die forcierte Einbindung der Eisenbahn in die Kriegslogistik bedeutete nicht nur die Möglichkeit einer schnellen Bewegung von Truppen und Kriegsmaterial, sie gab auch den Frontsoldaten die Möglichkeit eines Heimaturlaubes. Dies ging im Bewusstsein des Soldaten so weit, dass *„Bahnhof"* und *„Heimaturlaub"* im Soldatenjargon mitunter synonym gebraucht wurden. Der Ausdruck *„Ich versteh` nur Bahnhof!"* ist Ergebnis dieser Gleichsetzung. Er diente dazu, Gespräche über ungeliebte Themen zu beenden. Mit dem Satz *„Sei still, ich versteh` eh nur Bahnhof"* signalisierte der Soldat, dass er an der Fortführung des Gespräches nicht interessiert sei respektive nicht in der Lage wäre, zuzuhören, da er sich gedanklich bereits ausschließlich mit dem Heimaturlaub beschäftige.

In Remarques Roman dient die Zugfahrt Paul Bäumers in den Urlaub zum einen der Kontrastierung der Handlungsorte Front und Heimat. Zum anderen bewirkt die vorüberziehende Landschaft eine allmähliche Akklimatisierung mit seinem früheren Leben.

„Ich liege auf manchem Bahnhof, ich stehe vor manchem Suppenkessel, ich hocke auf mancher Holzplanke, dann aber wird die Landschaft draußen beklemmend, unheimlich und bekannt. [...] Die Namen der Stationen werden zu Begriffen, bei denen mein Herz zittert. Der Zug stampft und stampft, ich stehe am Fenster und halte mich an den Rahmenhölzern fest. Diese Namen umgrenzen meine Jugend."

3.8 Die Amibivalenz der Technik

Aus den vorangegangenen Überlegungen resultiert die Erkenntnis, dass die industrielle Revolution eine Waffentechnik von bis zu diesem Zeitpunkt unerreichtem Zerstörungspotential hervorbrachte. Wenngleich die Waffentechnik nur einen geringen Teil industrieller Entwicklung darstellt, so stellt sich die Wirkmächtigkeit technischer Entwicklungen in diesem Bereich doch am offenkundigsten dar. Auch zeigt sich hier deutlich die Ambivalenz des Wesens der Technik an sich. Technik hat immer zwei Seiten, sie schafft und zerstört zugleich.

---

[19] L. Gall/M. Pohl: Die Eisenbahn in Deutschland - Von den Anfängen bis zur Gegenwart, S. 63

In der Archäologie kann der Fund von Werkzeugen als eines der Kriterien bei der Bestimmung menschlicher Fossilien angesehen werden. Die Technik ist nicht nur so alt wie der Mensch, sie ist Elementarkriterium des Menschen selbst. Bereits in den frühesten Erzeugnissen menschlicher Technik, den Faustkeilen, zeigt sich jene Ambivalenz, zugleich Werkzeug und Waffe zu sein, welche heute etwa der Atomenergie zukommt.

Durch seinen Mangel an spezialisierten Organen und Instinkten ist der Mensch in keine natürliche Umwelt angepasst und daher darauf angewiesen, Naturumstände seinen Bedürfnissen entsprechend zu verändern. Die Notwendigkeit der Technik resultiert aus seinen organischen Mängeln. Daher ist es nur verständlich, dass zu den ältesten Erzeugnissen des Menschen die Waffen gehören, da diese als spezialisierte Organe, etwa in Form von Reißzähnen oder Klauen, beim Menschen fehlen.

Neben diesen Techniken, welche der Kompensation organischer Mängel dienen, existieren solche, welche die natürliche Ausstattung des Menschen verstärken. Hinzu kommen Entlastungstechniken, welche auf Organentlastung und Organausschaltung bezogen sind, sowie jene, welche der Arbeitsersparnis dienen. Im Sinne einer funktionalen Differenzierung lässt sich die Rolle der Technik also unterscheiden in Ergänzungs-, Verstärker- und Entlastungstechnik. Diese drei Rollen der Technik bilden Idealtypen, in den meisten Fällen erfüllt eine technische Entwicklung mehrere oder alle der oben genannten Funktionen.[20] So übertrifft die Eisenbahn bei Weitem die menschliche Geschwindigkeit und Ausdauer, verstärkt also die menschliche Kraft. Gleichzeitig schaltet sie die Notwendigkeit der eigenständigen Bewegung aus. Die flächendeckende Etablierung von Eisenbahnverbindungen veränderte daher die menschliche Wahrnehmung von Zeit, Raum und Geschwindigkeit.

[20] Arnold Gehlen: Die Seele im technischen Zeitalter, S.6f

4. Technik, Mystik, Infrastruktur und Beschleunigung

Die Beschleunigung der Zeiterfahrung war eine der maßgeblichen Neuerungen der Industrialisierung. Grund für diese Beschleunigung der Welt war allein die technische Entwicklung. Neben der Etablierung der mechanischen Zeitmessung spielten die Eisenbahn und die Telegraphie eine entscheidende Rolle. Der Transport von Menschen, Waren und Nachrichten wurde von den Beschränkungen der organischen Bewegung und des Wachstums sowie der Unberechenbarkeit der Natur, etwa der Windkraft, gelöst.

Dabei war jedoch nicht nur die Schienenverbindung zwischen den Städten ein entscheidender Faktor in der Transformation gesellschaftlicher Wahrnehmung von Zeit und Raum, diese Veränderung betraf auch die Infrastruktur der Städte selbst. Die wirtschaftliche Entwicklung sowie das Bevölkerungswachstum einer Stadt waren nicht länger an ihre Lage an Meer oder Flüssen gekoppelt, gleichzeitig veränderte die Eisenbahn jedoch auch das Stadtbild in zuvor unbekannter Dimension und Geschwindigkeit.

Die Eisenbahnlinien schlugen tiefe Schneisen in das Stadtbild hinein, zudem beanspruchten Gleise und Bahnhöfe einen erheblichen Anteil an der Gesamtfläche der Stadt. Im London der 1870er Jahre betrug der Anteil der Eisenbahn an der gesamten Stadtfläche 5%, im Liverpool derselben Zeit sogar 9%. Innerhalb weniger Wochen konnten über Jahrhunderte gewachsene Strukturen zerstört, gleichzeitig an anderer Stelle neue Stadtviertel geschaffen werden. Bahnhöfe und Eisenbahnstrecken verursachten eine erhebliche Belastung an Lärm und Verschmutzung. In Migrantenstädten wie etwa Moskau kam es, bedingt durch die Ansiedlung von Wanderarbeitern, zur Bildung von Armenvierteln und Slums rund um das Bahnhofsviertel.[21]

Hierdurch bedingt wurde eine Wahrnehmungsveränderung hinsichtlich der Eigen und Fremdgruppendifferenzierung. War über Jahrhunderte das Fremde, Unbekannte stets von außen in die von Mauern umgebene Stadt gelangt, so verlagerte sich nun dessen Ankunft in das Stadtzentrum selbst.

Eine zunehmende funktionale Ausdifferenzierung führte zu einer Vergrößerung und Anonymisierung der sozialen Kontakte. Folge ist eine Veränderung der Inklusionsbedingungen in eine soziale Gruppe. Zum einen konnten traditionelle Integrationsformen obsolet werden, zum anderen wurden Zugangsvoraussetzungen individualisiert. Zivilisatorischer und technischer

[21] Jürgen Osterhammel: Die Verwandlung der Welt – Eine Geschichte des 19.Jahrhunderts, S.437f

Fortschritt war und ist also auch die Geschichte einer stetigen Modifikation in der Auseinandersetzung mit der Fremdheitsproblematik.

Mitunter wandelte sich durch die Einführung des Schienenverkehrs das gesamte Lebensgefühl einer Metropole. In Amsterdam schob der Bau des Bahnhofs 1889 einen Riegel zwischen Stadt und Hafen, was eine im Bewusstsein der Einwohner eine Wahrnehmungsverschiebung von einer Hafen- zu einer Landstadt bedingte.

Entscheidend jedoch für den Zeitpunkt, ab dem man von einer wirklich grundlegenden Transformation der Gesellschaft durch die Eisenbahn sprechen kann, ist weniger die Etablierung erster einzelner Strecken oder Bahnhöfe als die Einrichtung eines stabil und weitestgehend störungsfrei funktionierenden Eisenbahnsystems. Bedingung hierfür war sowohl eine netzförmige Streckenausbreitung als auch eine gewisse Beherrschung von Material und Organisation, ein Mindestmaß an Sicherheit, Rentabilität und Regelmäßigkeit sowie der Zuspruch von Seiten der Bevölkerung.[22] Dabei spielte die zeitliche überregionale Koordination von Ankunfts- und Abfahrtszeiten eine entscheidende Rolle.

4.1 Technik und Zeitwahrnehmung

Die Ausbildung eines Eisenbahnsystems war einer der Gründe, welche eine Synchronisierung der Zeitmessung erforderte. Noch um 1800 wurden die Uhren zumeist nach der Einschätzung des Sonnenhöchststandes gestellt, man fand in keinem Land der Erde eine Form der vereinheitlichten Zeitmessung, welche über die Grenzen der jeweiligen Stadt herausreichte. Um 1890 war die Zeitmessung zentral koordiniert, was einige technische Neuerungen in den Bereichen der Telekommunikation und der Mechanik erforderte. Diese Vereinheitlichung geschah sowohl auf nationaler wie auch auf internationaler Ebene, wobei eine internationale Koordinierung häufig der nationalen vorausging, da eine Vernetzung der Wirtschaftszentren, auch auf internationaler Ebene, höhere Priorität genoss als die Einbindung ländlicher oder wirtschaftlich schwacher Regionen in die vereinheitlichte Zeitmessung.

Eine solche Standardisierung und überregionale Koordinierung der Zeitmessung war jedoch nur in solchen Gesellschaften möglich, die bereits zuvor eine Form der mechanischen Zeitmessung entwickelt und etabliert hatten. Der Grad, in dem eine Gesellschaft von dieser Form

[22] Jürgen Osterhammel: Die Verwandlung der Welt – Eine Geschichte des 19.Jahrhunderts, S.437f

der Zeitwahrnehmung durchdrungen war, war wiederum abhängig von der allgemeinen Zugänglichkeit zu mechanischer Zeitmessung.[23]

Die Möglichkeit, mechanische Uhren für den Privatbesitz zu erwerben, hing daher eng mit der Fähigkeit zusammen, diese in der industriellen Massenproduktion zu fertigen. Diese *„Demokratisierung der Taschenuhr"* hatte wiederum Auswirkungen auf den Moralkanon der Industriegesellschaft, sie machte die Pünktlichkeit zu einer neuen Tugend.

Daneben trug die allgemeine Verbreitung der mechanischen Zeitmessung zu einer Quantifizierung und Effektivierung von Arbeitsprozessen bei. Infolge dessen unterlag die Produktion der Arbeiter in den Fabriken zunehmend einer Form der Zeitmessung, welche den bisherigen Zeiterfahrungen einer bäuerlichen Existenz, etwa die Abhängigkeit der Aussaat und Ernte von klimatischen und meteorologischen Kriterien, fundamental widersprachen.

Doch auch auf dem Land waren die Menschen durch die wachsende infrastrukturelle Anbindung auch agrarisch geprägter Regionen und die Einführung technischer Innovationen in der Landwirtschaft zunehmend dem von den Städten ausgehenden mechanischen Zeitdiktat unterworfen. Maschinelle Beschleunigung und die Entfremdung der Zeiterfahrung und des Arbeitsrhythmus von natürlichen Prozessen wie Sonnenstand oder Jahreszeiten wurden so zu grundlegenden Erfahrungen der Industrialisierung. Natur und Technik wurden so zunehmend als Gegenpole wahrgenommen, wobei sich die Wertschätzung der Technik als Mittel der Naturbeherrschung zugunsten der zuvor als Bedrohung wahrgenommenen Natur verlagerte. Folge war ein Gefühl des Ausgeliefertseins an die Technik, was im Gegenzug eine Idealisierung und Verklärung dessen mit sich brachte, was als „natürlich" erachtet wurde, obgleich die Werkzeuge und Methoden, welche zuvor in der bäuerlichen Existenz zum Einsatz kamen, ebenso eine, wenngleich längerfristig etablierte, Form der Technik darstellten wie industriell erzeugte Güter.

Im Gegenzug jedoch begriff man die nun als übermächtig angesehene Technik als Fortsetzung wie auch als Substitution der Bedrohlichkeit der Natur, was diverse sozialpsychologische Konsequenzen nach sich zog. Dieses Unbehagen gegenüber der Technik hielt auch in die Literatur jener Zeit, wie in folgendem zu untersuchenden literarischen Werk, vermehrt Einzug.

[23] Jürgen Osterhammel: Die Verwandlung der Welt – Eine Geschichte des 19.Jahrhunderts, S121f

4.2 Gerhard Hauptmann: Bahnwärter Thiel

Gerhard Hauptmanns Werk „Bahnwärter Thiel“ entstand zur Zeit der Hochindustrialisierung im Jahr 1887. Der damals 25-jährige Hauptmann verfasste seine *„Novellistische Studie“* am Rande Berlins. Obgleich das Werk dem Naturalismus zugeordnet wird, weist es einige Merkmale auf, die für diese literaturhistorische Epoche eher untypisch sind.

Hier ist vor Allem die Verbindung von realistischer Erzählweise und Symbolik zu nennen. Zu den hervorstechendsten naturalistischen Merkmalen in Hauptmans Werk gehört die Passivität der Zentralfigur. Des Weiteren sind die Triebhaftigkeit Thiels, seine Milieugebundenheit sowie die ungemein detaillierte Erzählweise Hauptmanns, verbunden mit einer naturwissenschaftlich exakten Analyse des psychotischen Krankheitsverlaufs der Hauptfigur, weitere Merkmale jener Epoche.[24] Die Anwendung naturwissenschaftlicher Methoden bei der Schaffung von Literatur macht den Naturalismus selbst zu einem Ausdruck naturwissenschaftlicher Denkweise, worauf auch Hauptmanns Eigenbezeichnung seines Werkes als *„Novellistische Studie“* hinweist.

4.3 Mensch und Mechanik

Natur und Technik bilden in Hauptmanns Erzählung zwar Gegenpole, ähneln sich jedoch in ihrer Bedrohlichkeit derart, dass sie sich gewissermaßen ergänzen und ineinander übergehen. Das Ineinanderfließen von Natur und Technik in der subjektiven Wahrnehmung Thiels unterstreicht und symbolisiert dessen progressive psychische Störung, ist jedoch ebenfalls Ausdruck des Lebensgefühls jener Zeit:

„Zwei rote, runde Lichter durchdrangen wie die Glotzaugen eines riesigen Ungetüms die Dunkelheit. Ein blutiger Schein ging vor ihnen her, der die Regentropfen in seinem Bereich in Blutstropfen verwandelte. Es war als fiele Blutregen vom Himmel.

Thiel fühlte das Grauen und, je näher der Zug kam, eine umso größere Angst; Traum und Wirklichkeit verschmolzen ihm in eins. Noch immer sah er das wandernde Weib auf den Schienen, und seine Hand irrte nach der Patronentasche, als habe er die Absicht, den rasenden Zug zum Stehen zu bringen. Zum Glück war es zu spät, denn schon flirrte es vor Thiels Augen von Lichtern, und der Zug raste vorüber“ (S.25).

---

[24] Julia Krüger: Die Bedeutung von Natur und Technik in Gerhart Hauptmanns „Bahnwärter Thiel“, S.6

Ähnlich wie in Remarques *„Im Westen nichts Neues"* verwendet Hauptmann zur Darstellung technischer Vorgänge hier Formulierungen, welche der Naturbeschreibung entlehnt sind. Zum anderen werden organische Vorgänge, insbesondere die menschliche Arbeit respektive der Mensch selbst, mit mechanischen Abläufen assoziiert. Insbesondere Thiels zweite Frau Lene ist in dieser Hinsicht charakterisiert:

„Nachdem die Frau hastig eine dicke Brotkante verzehrt hatte, warf sie Tuch und Jacke fort und begann zu graben, mit der Geschwindigkeit und Ausdauer einer Maschine" (S.28f).

Die zunächst gegenläufig erscheinenden Motive *„Natur"* und *„Technik"* werden in den ersten beiden Kapiteln der Novelle vorerst weitestgehend getrennt voneinander behandelt. Während im ersten Kapitel überwiegend die technischen Einflüsse in Thiels Leben beschrieben werden, setzt das zweite Kapitel den Fokus vermehrt auf die Beschreibung der Natur.[25] Erst das Zusammenführen der beiden Motive führt im finalen Kapitel die Katastrophe herbei, auch wenn die potentiell zerstörerische Kraft der Technik bereits im ersten Absatz angedeutet wird:

„Im Verlaufe von zehn Jahren war er zwei Mal krank gewesen; das eine Mal infolge eines vom Tender einer Maschine während des Vorbeifahrens herabfallenden Stückes Kohle, welches ihn getroffen und mit zerschmettertem Bein in den Bahngraben geschleudert hatte; das andere Mal einer Weinflasche wegen, die aus dem vorbeirasenden Schnellzuge mitten auf seine Brust geflogen war" (S.3).

Beide Unfälle Thiels stehen also in direktem Zusammenhang mit der Technik in Gestalt von Eisenbahn und Bahnstrecke. Neben dieser physischen Bedrohung stellt die Eisenbahn jedoch auch eine Gefahr für das psychische Befinden des Bahnwärters dar:

„Eine verblichene Photographie der Verstorbenen vor sich auf dem Tisch, Gesangbuch und Bibel aufgeschlagen, las und sang er abwechselnd die lange Nacht hindurch, nur von den in Zwischenräumen vorbeitobenden Bahnzügen unterbrochen, und geriet hierbei in eine Ekstase, die sich zu Gesichten steigerte, in denen er die Tote leibhaftig vor sich sah" (S.7f).

Thiels pseudoreligiöse Verehrung seiner verstorbenen Frau verlangt nach einem nächtlichen und ruhigen Umfeld. Die Eisenbahn stört die Ruhe des Bahnwärterhäuschens, dessen einziger Daseinsgrund jedoch wiederum die Existenz der Eisenbahn ist und, damit verbunden, auch Thiels Anwesenheit an diesem Ort. Paradox erscheint, dass die Ruhe seiner *„Waldeinsam-*

[25] Mario Leis: Bahnwärter Thiel – Lektüreschlüssel, S. 36ff

keit" in Thiels subjektiver Wahrnehmung gerade durch das Eindringen jener Technik gestört wird, für die sie geschaffen wurde.

Die Zerstörung dieser heiligen Ruhe stellt wiederum einen durch den Zug verursachten Kollateralschaden dar, wie auch Thiel in dem oben zitierten ersten Absatz der Novelle Opfer vorbeifahrender Züge wurde. In beiden Fällen war der Schaden nicht Ergebnis einer bewusst zu diesem Zweck ausgeführten Handlung, sondern vielmehr Nebeneffekt des eigentlichen Zweckes der Bahn, Waren und Personen zu befördern. Hier besteht der wesentliche Unterschied zu der von Remarque beschriebenen Kriegstechnik, welche sich ihre Opfer zwar ebenfalls nicht individuell auswählt, deren ursprünglicher und alleiniger Daseinsgrund jedoch das Zufügen von Schaden ist.

Durch das Eindringen des Profanen in das Heilige wird dieses entweiht. Heilig ist ein Begriff, der sich im Bereich der christlichen und jüdischen Religion auf Menschen, Orte und Handlungen bezieht, die eng mit dem göttlichen Bereich in Berührung stehen. Als heilig wurde ursprünglich ein abgegrenzter Bezirk gekennzeichnet, so dass alles, was sich vor diesem Bezirk befindet, als pro fano, also vor dem heiligen Bezirk liegend, galt. Die Schaffung eines heiligen Ortes akzentuiert den pseudoreligiösen Charakter von Thiels Verehrung für seine verstorbene Frau.

Diese heiligen Orte, Stätten des Kultes, an denen der Mensch göttliche Gegenwart und Wirkung sucht und zu finden glaubt, sind ein zentrales Element jeder Religion. Dieser Ort wird jedoch zumeist nicht vom Menschen willkürlich gewählt, sondern offenbart sich dem Menschen auf unterschiedliche Art und Weise.[26]

Der Tod von Thiels Sohn Tobias stellt in dieser Hinsicht einen weiteren Schaden dar, den Thiel nicht in der Lage ist, zu verhindern. Einer Naturgewalt gleich zerstört die Eisenbahn also nacheinander Thiels Körper, sein Heiligtum und schließlich seinen Sohn. Und gleich einer Naturgewalt erfolgt die Auswahl der Opfer nicht selektiv und bewusst, sondern ist das Ergebnis reinen Zufalls. Thiel ist nicht in der Lage, sich der übermächtigen Technik zu erwehren oder den Tod seines Sohnes durch die Maschine zu sühnen. Die Ermordung seiner Frau Lene kann also gewissermaßen als Ausgleichshandlung betrachtet werden. Da er die Maschine, welche seinen Sohn ermordete, nicht töten kann, ermordet er stattdessen seine maschinenhafte Frau. Die Kompensation der Hilflosigkeit gegenüber der Maschine mittels eines Blutrausches stellt eine Parallele zwischen Thiel und Remarques Soldaten dar.

[26] Mircea Eliade: Die Religionen und das Heilige, S.21

4.4 Die Faszination des Automatismus

Thiels Sohn Tobias stellt demnach den letzten und ultimativen Kollateralschaden der Eisenbahn dar. Die Eisenbahn, welche den Jungen das Leben kostet, übt zuvor eine unwiderstehliche Anziehungskraft auf ihn aus. Diese Faszination, welche für Tobias von der Maschine auszugehen scheint und von vielen Menschen über alle Zeiten hinweg geteilt wird, ist nicht das Resultat technischer Entwicklung, sondern vielmehr einer ihrer Antriebe:

„*Der Kleine war nicht wenig erregt; alles war ihm neu, fremd. Er begriff nicht, was die schmalen, schwarzen, vom Sonnenlicht erwärmten Schienen zu bedeuten hatten. Unaufhörlich tat er allerhand sonderbare Fragen* (S.29).“

Hier kommt eine tiefenpsychologische Komponente zum Tragen, welche in ihrer Universalität einer anthropologischen Konstante gleichkommt und die bei der Beurteilung des Verhältnisses von Mensch und Technik von entscheidender Bedeutung ist.[27]

Es existiert eine menschliche „*Tiefenbindung*“ an rhythmische, sich autonom wiederholende Außenweltprozesse. Technik ist keineswegs rein rational und zweckgerichtet, sondern Ergebnis eines unbewussten Handelns, welches dem ureigenen Wesen der menschlichen Natur entspringt.

Dieses Handeln entstammt einem Bedürfnis nach Stabilität der Umwelt. Ein Maximum an Stabilität stellt wiederum das periodische, automatisierte Wiederholen desselben Vorganges dar. In der vorindustriellen Zeit versuchte der Mensch die Stabilität der Natur mittels magischer Rituale, Beschwörungen und Gebete zu gewährleisten, im Zuge der Industrialisierung erreichte dieses Tiefenbedürfnis in Gestalt von Uhren und Maschinen seine Erfüllung. Gerade auf die Jugend, eine Lebensphase, welche durch ein hohes Maß an emotionaler Instabilität gekennzeichnet ist, üben Automatismen eine starke Anziehung aus:

„*Die Bahnzüge folgten einander in kurzen Zwischenräumen, und Tobias sah sie jedesmal mit offenem Munde vorübertoben*“ (S.30f).

Dabei ist die Faszination, welche von einem solchen Automatismus ausgeht, von dessen Leistung vollkommen unabhängig. Ausdruck dieser Faszination ist die jahrhundertelange Bemühung, mit dem Perpetuum Mobile einen Apparat zu schaffen, von dem keinerlei praktischer Nutzen erwartet wird.

---

[27] Arnold Gehlen: Die Seele im technischen Zeitalter, S.17

4.5 Technik, Mystik und Magie

Es existiert also eine psychologische Tiefenbindung des Menschen an die Technik. Technik, also die Handlung zum Zwecke der Manipulation der Umwelt, stellt demnach eine anthropologische Konstante dar. Die fehlende Umweltanpassung des Menschen erfordert eine Anpassung der Natur an die Bedürfnisse des Menschen. Die vollständige Durchdringung aller Lebensbereiche durch die rational-naturwissenschaftliche Denkweise ist ein Produkt der vergangenen 200 Jahre, ein in Relation zur gesamten Kulturgeschichte geringer Zeitraum. Hieraus ergibt sich die Frage, weshalb sich die Industrialisierung erst zu diesem vergleichsweise späten Zeitraum entwickelte und welcher Techniken die Menschheit sich in vorindustrieller Zeit bediente.

Seit den frühesten Anfängen der Menschheitsgeschichte war die Vorstellungswelt der Menschen erfüllt von der Annahme der Beeinflussung der Natur mithilfe besonderer Praktiken. Diese Praktiken fallen in den Bereich dessen, was heute für gewöhnlich als Magie oder Mystik bezeichnet wird. Diese Vorstellung einer solchen übernatürlichen Technik, welche der Herstellung und Bewahrung der für den Menschen zuträglichen Lebensbedingungen dient, hat für Jahrtausende in der Weltdeutung der Menschheit eine zentrale Rolle gespielt, mit einiger Plausibilität kann man in diesem Bedürfnis einen Ursprung der Religion sehen.[28] Religion ist, neben anderen psychischen und sozialen Funktionen, so etwas wie die institutionalisierte Form der Mystik. Daher ist bei der Beurteilung technischer Entwicklung eine Betrachtung der Religion unerlässlich, da diese keine Gegenpole, sondern Ausdruck desselben Grundbedürfnisses sind.

4.5.1 Exkurs: Religion als vorwissenschaftliche Technik

Religion bietet Antworten auf die Frage nach der Natur von Mensch und Welt und besitzt demnach eine ontologische Funktion. Die Erfolglosigkeit einer Sinnsuche oder die Ungewissheit um die Art eines angenommenen Verhältnisses der jeweiligen überweltlichen Instanz zu Mensch und Welt macht Menschen empfänglich für die Existenz und den Inhalt einer göttlichen Offenbarung. Eine religiöse Tradition verweist hierzu, häufig in Form von Mythen, auf Elemente wie Demiurg, Schöpfung, Urstand, kosmische Ordnung oder Eschatologie.

[28] Arnold Gehlen: Die Seele im technischen Zeitalter, S13ff

A.Th.Khoury und G.Girschek gehen davon aus, dass, in einem vorwissenschaftlichen Stadium der menschlichen Entwicklung, das Empfinden existierte, einer geheimnisvollen und feindlichen Welt gegenüber zu stehen, welche von unberechenbaren, höheren Mächten kontrolliert wird. Verstärkt durch die allgegenwärtige Erfahrung, Krankheit, Leid und Tod größtenteils hilflos ausgeliefert zu sein, entstand das Bedürfnis, diese Mächte zu beeinflussen, sowie Gnade und Hilfe von ihnen zu erhalten. Hier liegen Ursprung und Motivation religiöser Praktiken wie Gebet, Ritual und Opfer.[29]

4.5.1.1 Der mystische Aspekt

Die Beschränktheit des menschlichen Existenz-, Intelligenz-, und Handlungsspielraumes bedingt ebenso ein Gefühl der ontischen Gottesferne, also der Unfähigkeit des Menschen, göttliche Qualität und Befähigung zu erlangen. Durch die Mystik, also die unmittelbare Schau der Gottheit, versucht der Eingeweihte, beispielsweise ein Schamane, die Kluft zwischen Mensch und Gottheit zu überwinden und zur mystischen Einheit mit dieser Gottheit zu gelangen.[30] Diese Suche nach der mystischen Vereinigung mit einer überweltlichen Instanz ist auch der Antrieb für Thiels pseudoreligiöse Rituale:

„Eine verblichene Photographie der Verstorbenen vor sich auf dem Tisch, Gesangbuch und Bibel aufgeschlagen, las und sang er abwechselnd die lange Nacht hindurch, nur von den in Zwischenräumen vorbeitobenden Bahnzügen unterbrochen, und geriet dabei in eine Ekstase, die sich zu Gesichten steigerte, in denen er die Tote leibhaftig vor sich sah" (S.7f)

Im Allgemeinen verlangt der religiöse Mensch nach einer von Frieden und Ordnung bestimmten, idealen Gesellschaft, in der Kontakt oder Vereinigung mit der jeweiligen Gottheit möglich ist. Die Errichtung einer solch vollkommenen Gesellschaft kann entweder im jenseitigen Gottesreich erfolgen oder in einer von der überweltlichen Instanz veranlassten Wandlung des Diesseits in einen Ort der Gottesgegenwart, wie es beispielsweise in der christlichen Religion und auch bei Thiels mystischen Ritualen der Fall ist.[31]

---

[29] A.Th.Khoury/G.Girschek: Das religiöse Wissen der Menschheit Bd. I S.17ff

[30] ebd.

[31] ebd.

4.6. Thiels *„mystische Neigung"*

Erst die sich langsam etablierende rationalistische, naturwissenschaftliche Denkweise der Industrialisierung drängte den Glauben an Magie und Mystik aus dem Zentrum der Weltauslegung an deren Rand.

Dass diese uralte Vorstellung dennoch nicht vollständig aus dem Fokus der Menschheit verschwunden ist, mitunter sich sogar durch diese Rationalisierung zu intensivieren scheint, zeigt sich heute etwa an Phänomenen wie der Astrologie und der Esoterik.

Das menschliche Grundbedürfnis nach Sicherung, Ordnung und Verbesserung der Welt vereint Mechanik und Mystik, sie bilden also keineswegs Gegenpole, sondern lediglich Varianten der Problemlösung.

Thiels *„mystische Neigung"* und ausgeprägte Religiosität ist zum Ende des 19. Jahrhunderts demnach nicht ausschließlich ein Anachronismus oder bereits Vorahnung seiner späteren psychischen Erkrankung, vielmehr ist er ebenfalls Repräsentant einer sich zur Industrialisierung antizyklisch verlaufenden, auch literarischen, Bewegung hin zu esoterischen und mystischen Themen. Zu einem Zeitpunkt, in dem die Technik aufgrund ihrer Komplexität nicht mehr kontrollierbar erscheint, greift der Mensch mit der Magie vermehrt auf etablierte, jedoch an die Peripherie der gesellschaftlichen Wahrnehmung gedrängte, Techniken der Umweltbeeinflussung zurück.

Bezeichnend jedoch, und hier ist Thiel ein typischer Vertreter der industriellen Denkweise, ist die Orientierung, welche er mittels der mechanischen Zeitmessung nach seiner Rückkehr aus der pseudoreligiösen Trance in die reale Welt sucht.

„Der Wind rauschte wie Meeresbrandung, der Wind warf Hagel und Regen gegen die Fenster des Häuschens. Thiel tastete ratlos mit den Händen umher. Einen Augenblick kam er sich vor wie ein Ertrinkender – da plötzlich flammte es bläulich blendend auf, wie wenn Tropfen überirdischen Lichtes in die dunkle Erdatmosphäre herabsänken, um sogleich von ihr erstickt zu werden. (...) Thiel hatte Licht gemacht. Sein erster Blick, nachdem er die Fassung wiedergewonnen hatte, galt der Uhr" (S.22f).

Der Welt des 19. Jahrhunderts hatte sich innerhalb weniger Jahrzehnte rationalisiert. Diese Rationalisierung betraf als eine *„ultimative Kulturschwelle"* alle Lebensbereiche.

Die Menschen jedoch, welche von dieser Rationalisierung betroffen waren, wandelten sich nur langsam. Im Gegenteil, mitunter verstärkte das naturwissenschaftliche Denken sogar antirationale Tendenzen, vor allem in der Literatur jener Epoche. Eine erste Blüte erlebte die Schauerliteratur als antirationale Gegenbewegung zur Aufklärung bereits im 18. Jahrhundert, in Deutschland etwa 1789 mit Friedrich Schillers *„Der Geisterseher“*. Mit der Industrialisierung erlangte diese literarische Strömung neue Popularität.

In Großbritannien kam um die Mitte des 19. Jahrhunderts eine große *„Gothic-Novel“*-Bewegung auf. Wilkie Collins schrieb um 1860 den Roman *„Die Frau in Weiß“,* Robert Louis Stevenson im Jahr 1886 die Schauernovelle *„Der seltsame Fall des Dr. Jekyll und Mr. Hyde“,* ein Jahr später erschien Oskar Wildes *„Das Gespenst von Canterville“* und 1890 *„Das Bildnis des Dorian Gray“,* Bram Stoker schuf 1897 mit *„Dracula“* den populärsten Vampirroman der Literaturgeschichte. Den deutschsprachigen Raum erreichte diese Welle, wie auch die Industrialisierung selbst, etwa 30 Jahre später.

Theodor Storms Novelle *„Der Schimmelreiter“* war, obwohl ein Alterswerk des Autors, ein zunächst verkannter Vorreiter dieser Bewegung im deutschsprachigen Raum.

Der Glaube an die grenzenlose Beherrschbarkeit der Natur mittels der Vernunft, dem Fortschritt und unbeirrbaren Planungsoptimismus, getragen von den technisch-mathematischen Errungenschaften der Hochindustrialisierung, wurde in der Literatur dieser Zeit, in Gerhard Hauptmanns Werk wie auch in der nächsten zu untersuchenden Novelle, abgelegt zugunsten von Skeptizismus und Angst gegenüber dem grenzenlosem technischem Fortschritt sowie Zweifel an der Beherrschbarkeit von Natur und Technik gleichermaßen.

5. Theodor Storm: „Der Schimmelreiter"

Theodor Storms Novelle *„Der Schimmelreiter"* erschien erstmals 1888 im Band 55 der *„Deutschen Rundschau"*, einige Monate nach dem Tod des Autors am 4. Juli.

Storms Novelle ist das Ergebnis eines langwierigen Schreibprozesses, welcher von 1885 bis 1888 andauerte. Grund für diese im Vergleich zu Storms übrigem Werk extrem lange Schaffensphase war die intensive Beschäftigung mit der Thematik, insbesondere der Technik des Deichbaus, wie auch die Auseinandersetzung mit dem Quellenmaterial. Zudem bereitete Storm die Einbindung der Fiktion in die reale Rahmenhandlung erhebliche Schwierigkeiten. In einem Brief an seinen Verleger schrieb der 1886:

„Aber es ist ein heikel Stück, nicht nur in puncto Deich- und anderer Studie dazu, sondern auch, weil es seine Mucken hat, einen Deichspuk in eine würdige Novelle zu verwandeln, die mit beiden Beinen auf dem Boden steht."

Ein weiterer Grund für den langen Schreibprozess war Storms sich stetig verschlechternder Gesundheitszustand, welcher auf eine Krebserkrankung zurückzuführen war. Die Fertigstellung geriet zu einem Wettlauf mit der tödlichen Krankheit. In der Novelle findet sich ein deutlicher Hinweis auf Storms persönliche Situation:[32]

„Nun liegt auch sie am Tode: die Krankheit unserer Marschen, der Krebs, hat sie befallen; du wirst nicht mehr zu zahlen brauchen!" (S.52).

5.1 Zeitgenössische Rezensionen

Zum Zeitpunkt des Erscheinens der ersten Rezensionen ist Storm bereits tot. Zwar lobte man Storms Novelle im Allgemeinen ob ihrer literarischen Größe sowie der gelungenen Verbindung von Phantastik und Realismus, gleichzeitig aber wurde Storms Alterswerk als unzeitgemäß empfunden. Der am technisch-ökonomischen Fortschritt orientierten Gesellschaft jener Zeit blieb die Beschwörung der humanen Werte zunächst fremd. In dieser Zurückhaltung spiegelte sich die menschliche Entfremdung der gründerzeitlichen Mentalität.

Etwa ein Jahrzehnt nach Erscheinen von Storms Novelle setzte die ideologische Einbindung in den Nationalismus ein. Die Figur des Hauke Haien geriet zur Verkörperung des wilhelmi-

[32] Winfried Freund: Theodor Storm – Der Schimmelreiter, S.32f

nischen Männlichkeitsideals, eine *„Herrschernatur"*, welche der Ignoranz des gemeinen *„Herdenmenschen"* gegenübersteht. In den Äußerungen dieser Zeit finden sich bereits faschistische Anklänge, welche die Figur des Deichgrafen zur Zeit des Nationalsozialismus zum Prototyp des nordischen Helden werden ließen.

Zum zwanzigsten Todestage Storms im Jahr 1908 schrieb Wilhelm Lobsien:

„Der Kampf des Deichgrafen Hauke Haien um seinen Deich wächst zu einem Kampf eines großen, von allem Kleinlichen, Egoistischen losgelösten Mannes gegen Stumpfsinn und beschränkte Habgier, um seiner Idee zum Siege zu verhelfen."[33]

5.2 Die Symbolik der Natur

Sowohl innerhalb der Handlung als auch bei der Beschreibung der Natur kommt dem Meer in Storms Novelle eine entscheidende Bedeutung zu. Das Meer erscheint als düstere, unberechenbare Macht, welcher der Mensch hilflos ausgeliefert ist. Die Symbolik der Naturdarstellung ist unverkennbar: Das Meer steht für die Unergründlichkeit des Lebens selbst, insbesondere für jene Bereiche, welche sich der Rationalität des Verstandes entziehen. Zum einen repräsentiert sie die unaufhaltsam fortschreitende Zeit, der alle Bereiche des Lebens gleichermaßen unterworfen sind, zum anderen steht sie für die irrationalen Aspekte des Lebens selbst.

5.3 Die Notwendigkeit der Bändigung

Wie auch in Gerhard Hauptmanns Novelle ist in Storms Werk der Gegensatz respektive die Wechselbeziehung von Natur und Technik zentrales Element der Handlung, allerdings mit deutlich anderer Akzentuierung. Während Hauptmann die Technik selbst als unberechenbares und zerstörerisches Element ins Zentrum seiner Erzählung rückt, stellt sie bei Storm die Rettung des Menschen vor der zerstörerischen Gewalt der Natur dar.

Das Meer und der Deich, also die unberechenbare Natur und die kontrollierende menschliche Technik bilden eine elementare Symbolik, in ihr manifestiert sich zum einen die Notwendigkeit des regulierenden Eingreifens in die Natur mittels technischen Neuerungen, zum anderen

[33] Winfried Freund: Theodor Storm – Der Schimmelreiter, S.109f

verbindet Storm diese Notwendigkeit mit der Warnung vor menschlicher Hybris und Traditionsverlust.

Storms Novelle ist also keineswegs fortschrittsfeindlich. Seine Mahnung richtet sich an den übersteigerten Individualismus der wilhelminischen Zeit und den damit verbundenen Verlust des sozialen Zusammenhalts, bedingt durch die funktionale Ausdifferenzierung. Der Kampf gegen die Naturgewalten, hier in Form des alles verschlingenden Meeres, kann nur auf Basis sozialer Kooperation gelingen. Der herausragende Einzelne ist auf die Unterstützung der Masse ebenso angewiesen wie die Masse auf das schöpferische Individuum. Das Aufkündigen dieser Kooperation führt unwillkürlich zu Scheitern, Untergang und Vernichtung. Starres Festhalten an überkommenen Traditionen, symbolisiert durch die Dorfgemeinschaft, ebenso wie blindes Voranschreiten ohne die Anbindung an das Bestehende, personifiziert in der Figur Hauke Haiens, spiegeln die Gefahren einer solchen fehlenden Interaktion wider.

Im Deichbau manifestiert sich das Zusammenwirken kollektiver und individueller Kräfte, durch die der Mensch die technischen Voraussetzung schafft, den Kampf mit der Bedrohung durch die Natur in Gestalt des Meeres zu überleben. Hierbei ist eine ständige gemeinsame Leistung erforderlich, eine Stagnation dieser Anstrengungen bedeutet sicheren Untergang und Katastrophe. Neben dieser kollektiv erbrachten Leistung ist jedoch auch eine ständige technische Weiterentwicklung der Deiche erforderlich, jedoch nicht auf Kosten eines, im übertragenen wie wörtlichen Sinne, Bruches mit der Vergangenheit. Das Profil des neuen Deiches muss dem des alten angeglichen werden, um das Auftreten von Schwachstellen zu vermeiden. In neuem und altem Deich manifestieren sich Fortschritt und Tradition. Bezeichnend, dass der Deichbruch, durch welchen die Hauptfigur Hauke Haien ihr Leben verliert, an der Nahtstelle zwischen diesen beiden auftritt. Während der neue Deich vor allem Ausdruck der eingeschränkt rationalistischen Hybris eines Einzelnen ist, steht der alte Deich für die in der Vergangenheit erbrachte Kollektivleistung. Zwar stellt die ständige Verbesserung und Weiterentwicklung des Deiches eine Notwendigkeit dar, jedoch kann dies nur auf der Basis der Tradition und mit Respekt vor der Leistung früherer Generationen erfolgen. Voraussetzung für einen wirklichen und stabilen Fortschritt ist sowohl die Einbeziehung des Fortschritts als auch der Tradition auf der Grundlage einer gemeinsamen Leistung zum Wohle aller.

Der Bruch des Deichs symbolisiert die Instabilität des sozialen Zusammenhalts sowie die Katastrophe, welche durch die Unvereinbarkeit von Ehrgeiz, Hybris und rationaler Theorie auf der einen und der Trägheit und Irrationalität der Masse auf der anderen Seite herbeigeführt wird.

Die Katastrophe des Deichbruchs symbolisiert den Einbruch des chaotischen Elements der Natur in die Zivilisation. Sie wirkt gewissermaßen als überweltliche Sanktion auf die brüchige Gemeinschaft. Diese ist jedoch nicht ausschließlich verschuldet durch den ungebändigten Ehrgeiz des genialen schöpferischen Individuums, sondern auch durch die Dumpfheit und Schwerfälligkeit der Masse, welche sich aus Bequemlichkeit und Aberglaube gegenüber jedwedem Fortschritt verschließt und es versäumt, das schöpferische Individuum einer adäquaten sozialen Kontrolle zu unterwerfen.[34]

5.3.1 Die Funktion der Magie

In der Konfrontation Haiens mit dem Aberglauben in Form des von den Dorfbewohnern geforderten Deichopfers manifestiert sich die Wandlung von der Magie hin zur Rationalität als Mittel der Naturbeherrschung. Wie bereits erwähnt, stellen Magie und Wissenschaft keineswegs Gegenpole dar, sie sind vielmehr Variationen zur Lösung derselben Grundproblematik.

Das Deichopfer gehörte noch im 19. Jahrhundert zum festen Repertoire des Volksglaubens an der Küste Frieslands. Es ist eine Sonderform des Bauopfers, welches in vorchristlicher Zeit weit verbreitet war und welche zum Zweck hatte, außerweltliche Mächte zur Sicherung und Erhaltung des Bauvorhabens zu bewegen.

Das Sagenmotiv des gespenstischen Reiters und des dämonischen Pferdes wiederum erfüllt in der Novelle doppelte Funktion. Zum einen dient es zur Einbindung der Handlung in die regionale Tradition, zum anderen symbolisiert es die Hartnäckigkeit, mit welcher sich magische Weltbilder und abergläubische Vorstellungen trotz oder sogar gerade wegen der stetig fortschreitenden Technisierung halten.

In der Sage dringt das Übersinnliche immer wieder in die reale Welt hinein. Der beunruhigte Mensch, der um die Sicherheit seiner Welt fürchtet, reagiert auf das, was sich seiner Kontrolle entzieht, mit einer vorwissenschaftlichen Technik. Novelle und Sage bilden so eine antithetische Struktur, welche wiederum die spannungsgeladene Konfliktsituation herbeiführt.[35]

[34] Winfried Freund: Theodor Storm – Der Schimmelreiter, S.29

[35] ebd.

5.4 Die Figur des Hauke Haien

Obwohl Storm seine Hauptfigur Hauke Haien formal der Mitte des 18. Jahrhunderts zuordnet, weist dessen charakterliche Disposition diverse Eigenschaften auf, welche ihn eher als einen Typus des späten 19. Jahrhunderts erscheinen lassen, jener Zeit also, in welcher die Novelle entstand.

Bereits in der Schilderung von Haiens Kindheit fällt eine einseitige Fokussierung auf technisch-abstrakte Denkweisen auf, wohingegen Sozialkompetenz und Achtung des Naturhaften eine untergeordnete bis nichtige Rolle zu spielen scheinen. Hinzu kommt eine charakteristische Hybris, welche einhergeht mit einer Missachtung der Leitung seiner Mitmenschen, selbstgewählter Isolierung sowie des Mangels an Respekt vor der Natur selbst:

„Stand die Springflut bevor, so konnte man sicher sein, er lag trotz Sturm und Wetter weit draußen am Deiche mutterseelenallein; und wenn die Möwen gackerten, wenn die Wasser gegen den Deich tobten und beim Zurückrollen ganze Fetzen von der Grasdecke mit ins Meer hinabrissen, dann hätte man Haukes zorniges Lachen hören können. 'Ihr könnt nichts Rechtes', schrie er in den Lärm hinaus, 'so wie die Menschen auch nichts können!'" (S.13).

Alleiniger Antrieb seines Handels ist das Vertrauen in die eigene Kraft und die eigenen Fähigkeiten. Dem Fokus auf das eigene Werk, den Deichbau, ordnet Hauke Haien alle anderen Aktivitäten unter, sowohl gesellschaftliche als auch private Kontakte, insbesondere zu seiner Frau, treten in den Hintergrund. Storm zeichnet in der Figur des Hauke Haien sowohl Ideal- als auch Zerrbild eines wirtschaftlich expandierenden und in Machtpositionen drängenden Bürgers des späten 19. Jahrhunderts. Auf der einen Seite befähigen ihn außergewöhnliche Fähigkeiten zum Vollbringen großer Taten, welche wiederum dem Wohle der Gemeinschaft dienen, andererseits liegt die Motivation seines Handelns eben gerade nicht im Gemeinwohl, sondern dienen vielmehr allein seinem persönlichen Ruhm:

„[...] und willst du weiteres wissen, das ungewaschene Wort, das dir im Krug aus dem Mund gefahren, ich sei nur Deichgraf meines Weibes wegen, das hat mich aufgerüttelt, und ich hab euch zeigen wollen, dass ich wohl um meiner selbst willen Deichgraf sein könne, und somit, Ole Peters, hab ich getan, was schon der Deichgraf vor mir hätte tun sollen." (S.94)

Hier liegt die Parallele zwischen dem in der Mitte des 18. Jahrhunderts verorteten Deichgrafen und dem Bürger der Industrialisierung. Machtegoismus und persönliches Prestigestreben ebenso wie ungebremste wirtschaftliche Expansion sind, selbst wenn die angestrebten Ziele durchaus dem Wohl der Gemeinschaft dienen, zum Scheitern verurteilt, wenn sie nicht durch ein soziales Bewusstsein aufgewogen werden.

Die Unterwerfung der Natur in Form des Deichbaus erfolgt nicht aufgrund sozialer Motivation, sondern aus persönlichem Geltungsstreben. Besessen von der scheinbaren Allmacht des eigenen Ichs und unfähig, an das Wohl der Gemeinschaft auch nur mittelbar zu denken, stellt der Deichbau für Hauke Haien in erster Linie ein Denkmal seiner selbst dar:

„Es mochte ihm wohl die Frage kommen, weshalb der Koog, der ohne ihn nicht da wäre, in dem sein Schweiß und seine Nachtwachen steckten, nun schließlich nach einer der herrschaftlichen Prinzessinnen >der neue Carolinenkoog< getauft sei; aber es war doch so: [...]>Nun hier, im Hauke-Haien-Koog< Er rief es laut, indem er den Akt hinabtrabte, als solle die ganze Marsch es hören, die darunter lag. Hauke war es, als höre er seinen Ruhm verkünden; er hob sich im Sattel, gab seinem Schimmel die Sporen und sah mit festen Augen über die weite Landschaft hin, die zu seiner linken lag. >Hauke-Haien-Koog!< wiederholte er leis; das klang als könnt es allezeit nicht anders heißen! Mochten sie trotzen, wie sie wollten, um seinen Namen war doch nicht herumzukommen" (S.110).

Die Figur des Hauke Haien ist eine Mahnung an die Gesellschaft des späten 19. Jahrhunderts. Sie ist nicht ausschließlich negativ konnotiert, sondern steht symbolisch für eine Gesellschaft, welche zwar überragende Leistungen auf technischem Gebiet vollbringt, jedoch gleichsam bedingungslosen Fortschritt aus reinem egoistischen Selbstzweck betreibt, ohne die moralischen Folgen oder ihrer Verpflichtung dem Gemeinwohl gegenüber zu bedenken. Auch wenn das Resultat des technischen Fortschritts zwar gut ist, macht seine unmoralische Motivation jedoch das Werk selbst unmoralisch.

Technischer und zivilisatorischer Fortschritt ist immer auch auf Menschen angewiesen, welche mit außergewöhnlichen Fähigkeiten und Intellekt dazu befähigt sind, große Taten zu vollbringen. Diese herausragenden Einzelnen können jedoch, so die Mahnung Storms, auch zur Gefahr für das Ganze werden, wenn sich ihr Handeln jenseits moralischer Grenzen aus reinem Geltungsstreben vollzieht.[36]

[36] Winfried Freund: Theodor Storm – Der Schimmelreiter, S.66ff

5.5 Vorläufige Zusammenfassung der Ergebnisse

Die bisherigen Ergebnisse dieser Untersuchung lassen sich wie folgt zusammenfassen: Aufgrund seiner einzigartigen körperlichen und geistigen Disposition ist der Mensch keiner natürlichen Umwelt zuzuordnen. Daher ist er gezwungen, sich seiner Umwelt entweder postnatal anzupassen oder die von ihm vorgefundene Umwelt seinen Bedürfnissen entsprechend zu verändern. Aus diesem Grund existieren gewisse psychologische Tiefenbindungen an autonom ablaufende, rhythmische Außenweltprozesse, da diese mit einer stabilen, zuträglichen Umwelt assoziiert werden.

Handlungen, welche eine Veränderung oder Stabilisierung der Umwelt zum Ziel haben, sind technische Handlungen. Hinzu kommen Techniken und Werkzeuge, welche die mangelhafte körperliche Ausstattung ersetzen, entlasten oder verstärken.

In der vorindustriellen Zeit bediente sich der Mensch magischen und mystischen Praktiken zur Sicherstellung seiner Bedürfnisse. Mit der Industrialisierung wurden diese Praktiken aus dem Zentrum der Gesellschaft an deren Rand gedrängt, blieben in der Peripherie jedoch erhalten. Naturwissenschaftlich basierte Technik und Magie bilden also keine Gegenpole, sondern dienen zur Kompensation desselben Grundbedürfnisses.

Im Zentrum der industriell geprägten Weltauslegung steht die Idee der grenzenlosen Machbarkeit, verbunden mit der Allmacht der Vernunft, jedoch ohne moralische Beschränkungen.

6. Industrialisierung und Gesellschaft

Innerhalb der industriellen Denkweise ist die Vorstellung einer grenzenlosen Planbarkeit und Manipulierbarkeit der Welt, insbesondere der Natur, getragen von der Allmacht der Vernunft, ideologisches Erbe der Aufklärungstradition, allerdings ohne den mäßigenden Einfluss moralischen und sozialen Bewusstseins.

Da die Notwendigkeit der Manipulation der Umwelt, wie bereits erwähnt, in der Grunddisposition des Menschen selbst verankert ist, gar eine anthropologische Notwendigkeit ist, bedeutet diese Vorstellung gegenüber vorindustriellen Zeiten zwar keine substanzielle, jedoch eine graduelle Änderung.

Die Vorstellung der allumfassenden Planbarkeit der Umweltprozesse weitete sich mit der Hoch- und Spätindustrialisierung von der Natur auf die Gesellschaft selbst aus. Ziel der Französischen Revolution von 1789 war, ebenso in früheren Revolten wie etwa in den Bauernaufständen des Mittelalters, die Reformation von Missständen innerhalb einer bestehenden Ordnung. Eine tiefgreifende Umformung der Gesellschaft war eher indirektes Resultat des Kampfes um Rechte. Die Russische Revolution von 1917, getragen von der europäischen Ideologie des Marxismus, welche wiederum Produkt der Industrialisierung ist, hatte hingegen von Beginn an die Schaffung eines im Voraus geplanten neuen sozialen Zustandes zum Ziel.

Die Idee, selbst die kompliziertesten Vorgänge innerhalb einer Gesellschaft als etwas Konstruier- und Planbares zu begreifen, entstammt durchaus der industriellen, rationalistischen und nicht zuletzt optimistischen Denkweise der universellen Planbarkeit der Welt. Der Begriff „Fortschrittsglaube" ist in diesem Zusammenhang sprichwörtlich, denn wie jeder Glaube entzieht sich dieser grenzenlose Planungsoptimismus jedweder rationalen Begründung oder hegt auch nur das Bedürfnis danach.[37]

6.1 Elite, Masse und Macht

Eine Gesellschaft konstituiert sich aus zwei dynamischen Faktoren, der Eliten und der Massen. Eliten sind Individuen von spezieller Qualifikation; die Masse hingegen die Gesamtheit der nicht überdurchschnittlich Spezialisierten. Daher ist der Begriff *„Masse"* nicht zwangsläufig mit der *„Arbeitermasse"* identisch, auch wenn diese gesellschaftliche Gruppe häufig

[37] Arnold Gehlen: Die Seele im technischen Zeitalter, S.84ff

mit dem 19. Jahrhundert assoziiert wird. Masse bedeutet Durchschnitt. Ein Mensch, der sich nicht von anderen abhebt, sondern in einem generellen Typus wiederholt. Teil der Masse zu sein ist daher vor Allem ein psychisches Phänomen. Ein Massenmensch zu sein bedeutet, sein persönliches Wohlbefinden an Konformität zu koppeln, also in Habitus, Gestus und Kognition mit der Mehrheit der jeweiligen Gesellschaft überein zu stimmen und sich selbst keine herausragenden Eigenschaften zuzuweisen.

Es erscheint zunächst paradox, dass die zunehmende Individualisierung und Ausdifferenzierung der Industriegesellschaft zu einem gesteigerten Bedürfnis nach Konformität innerhalb der breiten Bevölkerung führte. Dieser scheinbare Widerspruch lässt sich auflösen, wenn man von dem Wunsch nach Gemeinschaft ebenfalls als anthropologische Konstante ausgeht. Aufgrund der funktionalen Ausdifferenzierung auf Grundlage technischer Innovationen musste die Konformität zum einen vom ökonomischen in den sozialen Bereich verlagert werden, zum anderen wurde Gemeinschaftsbildung zu einem aktiven Vorgang.

Der Verlust des internalisierten moralischen Kanons, welcher die von Remarque beschriebenen Grausamkeiten des 1. Weltkrieges und die Folgeerscheinungen wie Faschismus und Kommunismus möglich machte, wurde kompensiert durch den Wunsch, Teil des Ganzen und damit Durchschnitt zu sein. Die Existenz des Massenmenschen verlagerte sich gewissermaßen vom *„Werden"* zum *„Sein"*.

Elite hingegen konstituiert sich in erster Linie in der Gemeinsamkeit des Abkoppelns vor der Masse, gemeinsame Werte, Ideale und Denkweisen sind zumeist sekundär oder entwickeln sich erst im Anschluss an die eigentliche Gruppenbildung.

Die Einteilung einer Gesellschaft in Elite und Masse erfolgt also nach psychischen, nicht nach sozialen Kategorien. Daher muss diese Unterscheidung auch nicht mit der realen Machtverteilung übereinstimmen, auch wenn in höheren Klassen Menschen mit größerem Anspruch an die eigene Leistung prozentual häufiger zu finden sind.

Die Unterteilung der Menschheit in Masse und Elite findet sich in fast jeder sozialen Gruppe, sie ist daher kein besonderes Kennzeichen der Industrialisierung. Eine wesentliche Neuerung jener Epoche bestand jedoch in einem grundlegenden Haltungswechsel der Masse.[38] Die Industrialisierung und die damit verbundenen ökonomischen und gesellschaftlichen Umstrukturierungen brachten einen sukzessiven Bedeutungsverlust der feudalen Machtstrukturen mit

[38] Josè Ortega y Gasset: Der Aufstand der Massen, S.6ff

sich, ein Vorgang, welcher gesamtgesellschaftlich durchaus wahrgenommen wurde. Die Massen drängten in Machtpositionen, welche zuvor der Feudalaristokratie vorbehalten waren, ohne jedoch deren gesellschaftliche Funktionen adäquat ausfüllen zu können. Folge war die Ausbildung einer neuen Oberschicht, welche sich zum einen aus Großkapitalisten, zum anderen aus rein naturwissenschaftlich denkenden Spezialisten zusammensetzte, während sich die Masse wiederum zunehmend von der Wissenschaft entfernte. Dieser Prozess der zunehmenden Entfremdung von Naturwissenschaft und Bevölkerung sowie dessen verheerende Konsequenzen fanden auch Eingang in die Literatur dieser Epoche, so auch in Theodor Storms *„Der Schimmelreiter“*.

6.2. Masse und Technik

Mit der flächendeckenden Etablierung der massenhaften Produktionsweise stieg die Zugänglichkeit der breiten Bevölkerung zu technischen Errungenschaften, etwa der Taschenuhr, welche zuvor nur den sozial höheren Schichten vorbehalten waren. Dies brachte eine Reihe von Veränderungen mit sich, die einen grundlegenden sozialen Wandel bewirkten.

Seit der Entstehung der modernen Naturwissenschaften, also seit der Renaissance, hat deren Anerkennung und Bewunderung seitens der breiten Bevölkerung stetig zugenommen. Dementsprechend nahm ebenfalls die Zahl der Menschen, die sich mit der Naturwissenschaft beschäftigten, im Verhältnis zur Gesamtpopulation kontinuierlich zu. Zum erstmaligen Rückgang dieses prozentualen Verhältnisses kam es paradoxerweise am Ende des 19. und beginnenden 20. Jahrhunderts, einer Zeit also, in der die Industrialisierung und das Konsumverhalten vor dem Ausbruch des ersten Weltkriegs ihren Höhepunkt erreicht hatten.

Dieser scheinbare Widerspruch steht im Zusammenhang zum Aufstieg der Masse als gesellschaftlich relevanter Faktor. Aufgrund der gestiegenen Komplexität sowohl der Technik als auch, damit verbunden, der gesellschaftlichen Organisation war deren Struktur für den Durchschnittsmenschen nicht mehr einsehbar. Daher wurde in der Bevölkerung sowohl Technik als auch Gesellschaft, wie bereits erläutert, vermehrt als eine Form der Natur wahrgenommen und ebenso behandelt. Zwar erfreuten sich die Errungenschaften der Naturwissenschaft, vor Allem der körperlichen und kognitiven Entlastung dienenden technischen Neuerungen, großer

Beliebtheit, gleichzeitig ging jedoch das Bewusstsein für die Arbeits- und Denkprozesse verloren, welche für deren Erzeugung notwendig sind.[39]

Ein Interesse an technischer Entwicklung ist demnach kein Garant für deren Fortbestand.

Die technische Entwicklung ist einer der prägnantesten Züge dessen, was als *„moderne Kultur“* bezeichnet wird. Technik wiederum ist ihrem Wesen nach durch die Wissenschaft bedingt. Nur eine Kultur, in welcher Wissenschaft betrieben wird, ist in der Lage, technische Entwicklung im industriellen Sinne zu vollziehen.

Eine Kultur oder Zivilisation jedoch, in der die Wertschätzung und das Bewusstsein für Funktion und Arbeit der Wissenschaft von Seiten der Bevölkerung fehlen, kommt dieser Prozess unweigerlich zum Erliegen.

Hierbei ist Wissenschaft jedoch nicht ausschließlich mit Naturwissenschaft gleichzusetzen. Im 19. Jahrhundert kam etwa die Geschichtswissenschaft zu nie zuvor dagewesener akademischer Blüte, wohingegen gleichzeitig in der Allgemeinheit das Geschichtsbewusstsein und das Verständnis für historische Prozesse und Zusammenhänge zunehmend verloren ging.[40] Dies führte im Bewusstsein der Menschen jener Zeit zu einem Bruch mit der Vergangenheit, welche einerseits, wie in *„Bahnwärter Thiel“* beschrieben, ein Gefühl der Verlorenheit angesichts des technischen Fortschritts erzeugte, andererseits auch die mahnenden Worte des *„Schimmelreiters“* hervorbrachte. Der Bruch von Fortschritt und Vergangenheit, bei Storm symbolisiert durch den buchstäblichen Bruch an der Verbindung von altem und neuem Deich, ist Ausdruck dieser Besorgnis.

6.3 Die Kultur der Industriegesellschaft

Je weiter eine Zivilisation auf technologischem und sozialem Gebiet fortschreitet, desto komplexer werden die Aufgaben und Probleme, die sie zu bewältigen hat. Die radikalen Umbrüche und schnell wachsende gesellschaftliche Komplexität, welche die Industrialisierung mit sich brachte, führten dazu, dass die Anzahl der Menschen, die diese Probleme zu lösen oder auch nur zu erfassen imstande waren, beträchtlich verringert wurde. Dieses Missverhältnis der Komplexität der Probleme auf der einen und der geringen Anzahl der Kompe-

[39] Jose Ortega y Gasset: Der Aufstand der Massen, S.100ff

[40] ebd, S.93f

tenzen auf der anderen Seite führte eine grundsätzliche Wahrnehmungsveränderung der Menschen in Bezug auf die Gesellschaft selbst herbei.[41]

Zunehmende Spezialisierung erhöhte im 19. Jahrhundert die Angewiesenheit Einzelner auf andere Menschen. Diese Strukturvergrößerung erforderte ein völlig neues Interaktionsniveau. In demselben Maße, in welchem die Zahl der Interaktionen zunahm, wurden jene gleichzeitig zunehmend anonymer und unpersönlicher.

Ebenso wie die komplexen technischen Errungenschaften dieser Epoche für den Durchschnittsmenschen nicht mehr erfassbar waren, wurde die Gesellschaft und Zivilisation der Industrialisierung so in der Wahrnehmung der Bevölkerung wieder zu einer Form der Natur. Die menschliche Natur dagegen konnte mit dem Fortschritt ihrer eigenen Zivilisation nicht mehr Schritt halten.[42]

Diese Anonymisierung der Industriegesellschaft manifestierte sich in der Selbstwahrnehmung der Bevölkerung als ein *„tyrannisierendes Gesellschaftsetwas"*, dessen Entstehung anhand des folgenden zu untersuchenden literarischen Werkes genauer untersucht werden soll.

---

[41] Jose Ortega y Gasset: Der Aufstand der Massen, S.93f

[42] ebd.

7. Theodor Fontane: Effi Briest

Theodor Fontanes Roman *„Effi Briest"* erschien erstmals in den Jahren 1894 und 1895 als Fortsetzungsroman in der „Deutschen Rundschau" und dann 1896 in Buchform. Fontane beschreibt in fein nuancierter Sprache einen Konflikt von persönlichem Glück und gesellschaftlichem Zwang, welcher letztendlich zum Scheitern zweier Menschen führt. Jenes „tyrannisierende Gesellschafts-Etwas", das Fontanes Figuren zu ihrem Handeln zwingt, ist ein Phänomen, welches sich im 19. Jahrhundert in der subjektiven Wahrnehmung der Bevölkerung herausbildete und dessen Ursachen in der mit der Industrialisierung verbundenen funktionalen Ausdifferenzierung bedingt liegen.

7.1 Industrialisierung und Strukturvergrößerung

Status- und Kapitalerwerb wurden im Zuge der industriellen Revolution individualisiert und verfeinert, sowie von der Familie entkoppelt, was wiederum eine Neuorientierung im Bereich Familie und Ehe erforderte. Diese Neustrukturierung der Gesellschaft wurde in jener Zeit zwar wahrgenommen, jedoch, da die industrielle Produktionsweise zunächst nur urbane Gebiete betraf, im Allgemeinen eher als Divergenz von Stadt- und Landbevölkerung begriffen.

Im individuellen Lebenszusammenhang bedeutete jene Umstellung jedoch eine immer stärker ins Bewusstsein tretende Differenz der Lebensbereiche *„Heim"* und *„Welt"*. Auf der einen Seite standen Konkurrenzdruck sowie der Zwang zu sozialem und ökonomischem Aufstieg, auf der anderen Seite Nähe, Harmonie und Geborgenheit. Dies hatte eine, gesamtgesellschaftlich durchaus wahrgenommene, Aufwertung der Institution Familie zur Folge, daher wurde ihr die Funktion als Sinnstiftendes, Erfüllendes zuerkannt.[43]

Die Gesellschaft des 19. Jahrhunderts ist also auch zunehmend die einer Familiengesellschaft. Insbesondere in der Oberschicht, also Adel, höheres Militär und Großbürgertum, war Familienlosigkeit daher negativ konnotiert, was zur Folge hatte, dass Konventionsehen, mit welcher Männer dem Manko der Familienlosigkeit zu entgehen suchten, zunahmen.

Dieses soziale Regulativ hatte zur Folge, dass die Bevölkerung, im Zuge der patriarchischen Grundorientierung jener Zeit insbesondere die Männer, sich einem besonderen gesellschaftli-

[43] Klaus Dieckhoff. „Romanfiguren Fontanes aus andragogischer Sicht", S.59

chen Druck ausgesetzt sahen. Ein 38-jährger unverheirateter Offizier wie Innstetten war aufgrund der eben genannten Parameter also gezwungen, eine Ehe einzugehen, um seinen gesellschaftlichen Status zu erhalten respektive auszubauen.

In der bürgerlichen Gesellschaft konstituiert sich die persönliche Freiheit des Individuums durch ein gewisses Maß an persönlicher sowie politischer Unfreiheit. In demselben Maße, in welchem die Macht der feudalaristokratischen Oberschicht abnahm, musste das internalisierte soziale Regulativ, also der Moralkanon, zunehmen, um einen gesellschaftlichen Zusammenhalt zu gewährleisten, was sich in der bereits beschriebenen Konstituierung des Massenmenschen zeigte. Steigende gesellschaftliche und ökonomische Komplexität unter dem Eindruck fortschreitender Ausdifferenzierung erhöhte gleichzeitig die Zahl sozialer Interaktionen, welche wiederum als zunehmend anonym angesehen wurden. Diese Entmündigung hatte eine Unterwerfung des Einzelnen unter einen gesellschaftlichen Moralkanon zur Folge, welcher zunehmend als von ihm abgetrennt und anonym empfunden wurde: das Gesellschaftsetwas.[44]

In Fontanes *„Effi Briest“* teilen durchweg alle Figuren, ob Adel oder Bürger, ein Bewusstsein von jener reduzierten Freiheit des Individuums in der bürgerlichen Gesellschaft, jedoch keines von der Komplexität gesellschaftlicher Organisation und der damit einhergehenden sozialen Verantwortung. Dieses Unverständnis weist Fontanes Figuren, wenngleich sie der formalen Oberschicht der Epoche zugehörig erscheinen, doch als Vertreter dessen aus, was zuvor unter dem Begriff des *„Massenmenschen“* erläutert wurde.

Die aus der Konfrontation mit dem subjektiv als sinnentleert empfundenen allgemeinen Willen gezogene Konsequenz sehen Fontanes Figuren in einem Rückzug ins Private, der Suche nach dem *„kleinen Glück“* im Rahmen des Familienzusammenhalts. Die Sinnsuche in der der familiären Kleingruppe ersetzt das verlorene Gemeinschaftsgefühl der Gesellschaft. Diese Lösung hält an der Auffassung des *„tyrannisierenden Gesellschaftsetwas“* als Schicksal fest, durch den Ruckzug des egoistischen Einzelnen ins Private trägt dieser jedoch gleichzeitig in dessen subjektiver Wahrnehmung zu einer Anonymisierung der Gesellschaft bei und verstärkt diese sogar.

Im Bewusstsein der Romanfiguren erscheint Gesellschaft als alternativlose statische Größe, eine andere Form kann nicht einmal erdacht werden. Das Ausgeliefertsein an dieses komplexe, vom Einzelnen nicht erfassbare *„weite Feld“* manifestiert sich in Sätzen wie:

---

[44] Klaus Dieckhoff. „Romanfiguren Fontanes aus andragogischer Sicht“, S.41

„Die Welt ist einmal wie sie ist, und die Dinge verlaufen nicht, wie wir wollen, sondern wie die anderen wollen" (S.274).

7.2 Industrialisierung und Macht

Wenngleich die Ablösung des Adels als führende politische Schicht de facto erst mit der Absetzung des Kaisers zum Ende des ersten Weltkrieges erfolgte, so sah sich der Adel in Preußen bereits zum Zeitpunkt der Handlung von *„Effi Briest"*, also etwa den 1880er Jahren, einer ständigen Bedrohung seiner Machtpositionen durch das an Einfluss gewinnende Bürgertum bedroht. In Folge war der Adel gezwungen, seine dominante Stellung innerhalb der preußischen Gesellschaft umfassender zu legitimieren. In begrenztem Maße kam zu einer Annäherung von Adel und Bürgertum.

Wie in allen größeren Gesellschaften die Orientierung nach oben die Regel ist, versuchte sich auch in Preußen das gehobene Bürgertum in der Nachahmung adliger Statussymbolik sowie der Erlangung diverser Ehrentitel. Auf der anderen Seite machte sich der Adel wiederum einige Elemente des bürgerlichen Moralkanons zu Eigen.[45] Die adlige Gegenbewegung zu dieser sozialen Annäherung erfolgte in einer verstärkten Fokussierung auf den eigenen Wertekanon, insbesondere den des Ehrenkodexes.

Diese Auffassung wird durchgängig von allen adligen Figuren in Fontanes Roman geteilt. Auch Effi ist keineswegs eine natürliche, unverfälschte *„Tochter der Luft"*, sondern eine Adlige, welche den Wertekanon zutiefst verinnerlicht hat, obgleich sie sich über dessen Konsequenzen zu Beginn des Romans noch nicht im Klaren ist. Ihr Denken bewegt sich durchgehend innerhalb der Konventionen ihrer Gesellschaftsklasse.[46] Am Tag ihrer Verlobung beschreibt sie Innstetten folgendermaßen:

*„Gewiss ist er der Richtige (...) Jeder ist der Richtige. Natürlich muss er von Adel sein, eine Stellung haben und gut aussehen. "(*S.22)[47]

---

[45] Erving Goffmann: „Wir alle spielen Theater", S.37

[46] Thomas Degering: „Das Verhältnis von Individuum und Gesellschaft in Fontanes „Effi Briest und Flauberts „Madame Bovary", S. 34

[47] Klaus Dieckhoff: „Romanfiguren Theodor Fontanes au andragogischer Sicht", S.127

Der Grund für Effis Scheitern ist demnach bereits zu Beginn des Romans in ihrer Persönlichkeitsdisposition determiniert. Er ist jedoch nicht zu suchen in dem auf ein unverfälschtes Naturkind unbarmherzig zuschlagendes Gesellschafts-Etwas, sondern vielmehr in ihrer Verinnerlichung gesellschaftlicher Konventionen, deren Härte sie jedoch in naiver Unbewusstheit für sich selbst ausschließt:

„'Nein, nicht hier', lachte Effi, 'hier kommt so was nicht vor'" (S.16).[48]

Die Ambivalenz von Natur und Gesellschaft lässt einen wirklichen Gegensatz mit dem sich später formierenden sozialen Regulativ gar nicht erst aufkommen. Die Freiwilligkeit, mit der Effi ihre subjektiv empfundene kindliche Autonomie aufgibt und sich in die gesellschaftlich geforderte Unfreiheit begibt, ist Zeugnis ihrer fatalistischen sozialen Determiniertheit, die Fügung in die gesellschaftlich erwünschte Rolle erscheint zwangsläufig.[49]

Auch Innstetten erweist sich als tief verwurzelt in der Tradition der *„satisfaktionsfähigen Gesellschaft"* und deren Ehrbegriffes in allen Konsequenzen unterworfen, wobei sich bezeichnenderweise der Begriff *„Gesellschafts-Etwas"* konkret auf den Ehrenkodex der preußischen Offiziere bezieht.[50]

7.3 Gesellschaftszwang: Internalisierung und Reflexion

Die Menschen in *„Effi Briest"* beugen sich einer Ordnung, obgleich sie deren Willkürlichkeit und Sinnlosigkeit erkannt und verstanden zu haben glauben. Zentrales Element von Fontanes Roman ist daher die fatalistische Befolgung internalisierter Konventionen trotz der Erkenntnis von deren Unvernunft.[51]

Es wäre jedoch falsch, diese Menschen als desillusioniert zu bezeichnen, da eine hierfür notwendige Illusion gar nicht erst besteht. Dieser innere Widerspruch wird vor Allem an der Figur des Innstetten deutlich. Er bezeichnet seine Lebenszusammenhänge beinahe selbstver-

---

[48] Thomas Degering: „Das Verhältnis von Individuum und Gesellschaft in Fontanes „Effi Briest und Flauberts „Madame Bovary", S. 31

[49] ebd., S.33f

[50] Helen Chambers: „Theodor Fontanes Erzählwerk im Spiegel der Kritik", S.82

[51] Thomas Degering: „Das Verhältnis von Individuum und Gesellschaft in Fontanes „Effi Briest und Flauberts „Madame Bovary", S. 52f

ständlich als *„dummes Zeug"*, erkennt sie gleichzeitig jedoch als bindend an. Er hat erkannt, dass er als vereinzeltes Individuum weder physisch noch psychisch existieren kann. Stattdessen fügt er sich in ein von ihm zwar als unvernünftig, aber dennoch alternativlos empfundenes Ganzes ein. Er handelt somit bewusst gegen sein individuelles Glück, um eine Ordnung zu schützen, welche er nicht akzeptiert, aber dennoch benötigt.[52] In seinem Verständnis zeigt sich die Selbstachtung des Individuums in absoluter Abhängigkeit von der Anerkennung durch die Gesellschaft. Der Bestand seiner Ehe ist nicht gefährdet, er liebt seine Frau. Familie, Kind und Häuslichkeit bedeuten ihm viel. Zudem ist er, nach eigenem Bekunden, gänzlich frei von Hass- oder Rachegefühlen gegenüber Crampas. Der Zwang geht also nicht von ihm aus, sondern von der Gesellschaft respektive der von ihm auf diese projizierte Erwartungshaltung.

Fontane zeigt in seinen Figuren wechselnde Stadien einer Transformation der Wir- zugunsten einer Ich-Identität. Die ständisch bestimmten gesellschaftlichen Bindungen verlieren an Gewicht zugunsten persönlicher Beziehungen. Wie bereits erwähnt, ist die Individualisierungswelle im 19. Jahrhundert nur vor dem Hintergrund der funktionalen Ausdifferenzierung im Zuge der industriellen Revolution zu betrachten. Demzufolge erreichte sie jene Bevölkerungsschichten, die von industrieller Produktion zunächst ausgenommen waren, insbesondere des Adels und der Landbevölkerung, später als die des Bürgertums. Fontanes adlige Figuren befinden sich in einem Spannungsverhältnis sich wandelnder Identität und schwindender Legitimation. Hierbei führen, bei Innstetten ebenso wie bei Effis Vater, persönliche Erfahrungen und Gefühle zu persönlichen Individualisierungsprozessen. Dieser führt von einer Überidentifikation mit der gesellschaftlichen Erwartungshaltung zur innerlichen Entfremdung mit eben jener. Der konventionelle Automatismus der Dominanz der Wir- vor der Ich-Identität wird zunehmend relativiert. In der Figur Innstettens zeigt Fontane die selbstzerstörerischen Folgen der Dominanz der kollektiven Identität. Anders als Effis Vater ist Innstetten jedoch nicht in der Lage, seine Entscheidung zu revidieren. Mit noch größerer Härte wird die Übermacht der *„Gesellschaft"* deutlich im Brief der Mutter:

---

[52] Thomas Degering: „Das Verhältnis von Individuum und Gesellschaft in Fontanes „Effi Briest und Flauberts „Madame Bovary", S. 55

„Und was das Traurigste für uns und für Dich ist (auch für Dich, wie wir Dich zu kennen vermeinen) – auch das elterliche Haus wird Dir verschlossen sein; wir können Dir keinen stillen Platz in Hohen-Cremmen anbieten, keine Zuflucht in unserem Hause, denn es hieße das, dies Haus von aller Welt abschließen, und zu tun sind wir entschieden nicht geneigt. Nicht weil wir zu sehr an der Welt hingen und ein Abschiednehmen von dem, was sich „Gesellschaft" nennt, uns als etwas Unerträgliches erschiene; nein, nicht deshalb, sondern einfach, weil wir Farbe bekennen und vor aller Welt, ich kann Dir das Wort nicht ersparen, unsere Verurteilung Deines Tuns, des Tuns unseres einzigen und von uns sehr geliebten Kindes, aussprechen wollen."(S.295)[53]

Die Argumentation gleicht der Instettens, allerdings ist diese Entscheidung für die Eltern revidierbar. Dennoch beherrscht auch hier zunächst die Wir-Identität die spontane Reaktion. Sie ist charakteristisch für die gesellschaftliche Oberschicht des Adels noch gegen Ende des 19.Jahrhunderts. Effis Vater jedoch nimmt für sich selbst eine Reorganisierung des Wertekanons vor. Zwar sei es schwer, *„sich ohne Gesellschaft zu behelfen"*, jedoch *„ohne Kind auch"*. Am Ende seiner Entscheidung entwirft er zwei Perspektiven für ein Leben danach. Die Erste liegt in der Veränderung der Gesellschaft als solche:

„Und dann, glaube mir, Luise, die Gesellschaft, wenn sie nur will, kann auch ein Auge zudrücken"(S.321).

Die Zweite liegt in einem Leben abseits respektive ohne *„Gesellschaft"*:

„Ich kann's aushalten. Der Raps steht gut, und im Herbst kann ich einen Hasen hetzen. Und der Rotwein schmeckt mir noch. Und wenn ich das Kind erst wieder im Haus habe schmeckt er mir noch besser..."(S.321).

Die Alternative einer gesellschaftlichen Robinsonade, eines Zurückziehens in die Sphäre des Privaten ist es auch, was Innstetten und Wüllersdorf erörtern:

„Einfach hierbleiben und Resignation üben. Wer ist denn unbedrückt? Wer sagt nicht jeden Tag: `Eigentlich eine sehr fragwürdige Geschichte.' (...) In der Bresche stehen und aushalten, bis man fällt, das ist das beste. Vorher aber im kleinen und kleinsten so viel herausschlagen wie möglich und ein Auge dafür haben, wenn die Veilchen blühen oder das Luisendenkmal in Blumen steht oder die kleinen Mädchen mit den hohen Schnürstiefeln über die Korde springen." (S.333).

[53] Klaus Dieckhoff: „Romanfiguren Theodor Fontanes au andragogischer Sicht", S.176ff

Diese Theorie vom *„kleinen Glück"* enthält zwei Aspekte: erstens die Kapitulation vor der gesellschaftlichen Selbstverwirklichung. Zweitens den Versuch auf Basis des Rückzugs ins Privatleben einen gewissen Ästhetizismus zu betreiben. Hier besteht eine Verbindung zur Strategie Gieshüblers, dessen Kunstabende eine Kompensation für ein enttäuschtes Leben zu sein scheinen. Alle Figuren Fontanes leiden unter dem abstrakten, statischen „Gesellschafts-etwas", gleichzeitig beharren sie auf einem kleinen privaten Glück. Effis Vater auf seinem Glas Rotwein, Roswitha auf ihrer Ergebenheit, Wüllersdorf und Gieshübler auf Kunst und Ästhetik. Hierdurch wird das von allen Wahrgenommene gesellschaftliche Unglück sowohl reproduziert als auch verstärkt, da durch die Flucht ins Private die Divergenz von Individuum und Gesellschaft, von eigenem und allgemeinen Willen intensiviert wird.[54]

7.4 Alltagsmenschen und Führungspositionen

*„Eigentlich glauben Sie`s gradsowenig wie wir, aber Sie wollen sich interessant machen und haben eine Vorstellung davon, daß Ungewöhnlichkeiten nach oben hin besser empfehlen. In höheren Karrieren will man keine Alltagsmenschen."(*S.151)

Diese Aussage Crampas über die preußische Gesellschaft und deren soziale Mobilität scheint in Widerspruch zu stehen zu einem militaristisch organisierten Obrigkeitsstaat, in dem Subordination, Loyalität und Disziplin als oberste Tugenden angesehen werden. Und tatsächlich ist auch Fontanes persönliche Position in dieser Hinsicht scheinbar nicht frei von Widersprüchen. In einem Fragment gebliebenen Roman *„Allerlei Glück"* legt Fontane seiner Hauptfigur Heinrich Brose folgende Worte in den Mund:

„Denken Sie, daß jeder etwas Apartes sein wollte. Das gäb ein Chaos. (...) Genies kommen unter ihnen [gemeint ist hier ein besonderer Beamtentypus] nicht vor, sollten nicht vorkommen."[55]

Tatsächlich machte die soziale Umstrukturierung im Zuge der industriellen Revolution auch ein höheres Maß an Individualität erforderlich als dies zuvor in agrarisch geprägten Gesellschaften der Fall gewesen war. Theorien moderner Gesellschaft sind immer auch Theorien moderner Individualität. Differenzierungsprozesse führten im 19. Jahrhundert zu einer Plura-

[54] Thomas Degering: „Das Verhältnis von Individuum und Gesellschaft in Fontanes „Effi Briest und Flauberts „Madame Bovary", S. 73f

[55] Ekkhard Verchau: „Theodor Fontane - Individuum und Gesellschaft", S.136

lisierung und Individualisierung von Lebensläufen. Bis etwa zur Mitte des 19. Jahrhunderts bestand die Lebenswelt des Großteils der Bevölkerung aus der überschaubaren Gruppe der dörflichen Gemeinschaft. Tradition, Sitte und bewährte Gewohnheit gaben die Lebensregeln vor. Der Lebenslauf wurde überschau- und kalkulierbar. Jene aus heutiger Sicht so beengt wirkende soziale Umwelt schuf eine stabile und stabilisierende Wir-Identität. Gesellschaftliche Modernisierung, wachsende soziale Mobilität sowie funktionale Differenzierung ließen den Lebenslauf dagegen zum selbstentworfenen *„Projekt"* werden, Identität wurde nicht als gegeben erachtet, sie musste geschaffen werden. Dies hatte nicht nur Auswirkungen auf das Handeln der Menschen, sondern auch auf deren Persönlichkeit. Eine moderne Gesellschaft verlangte nach einer individuierten Persönlichkeit, die der funktionalen Ausdifferenzierung Rechnung zu tragen in der Lage war.[56]

In diesem Zuge gewannen Leistungen persönlichen Stils an Bedeutung, Idealtypus jener Zeit war ein Mann von großer Routine, welcher sich zugleich über sie erhebt.

Innstetten selbst zeigt im Roman ebenfalls ein durchaus ambivalentes Verhältnis zu gesellschaftlichen Randerscheinungen. Eindringlich warnt er Effi vor der Künstlerin Tripelli:

„Aber hüte dich vor dem, was man das Aparte nennt. Was dir so verlockend erscheint – und ich rechne auch ein Leben dahin, wie`s die Tripelli führt - , das bezahlt man in der Regel mit seinem Glück" (S.100).

Die Unbürgerlichkeit der Tripelli, man könnte es auch das Aparte nennen, bewegt sich dennoch innerhalb der gesellschaftlich determinierten Grenzen. Als solche, und verbunden mit der Tatsache, dass eine Person wie die Tripelli eine Randerscheinung innerhalb der Bürgerlichkeit bleibt, ist er geneigt, diese als willkommenen Ausgleich für seine Arbeit anzusehen.[57]

[56] Klaus Dieckhoff: „Romanfiguren Theodor Fontanes au andragogischer Sicht", S.165ff

[57] Thomas Degering: „Das Verhältnis von Individuum und Gesellschaft in Fontanes „Effi Briest und Flauberts Madame Bovary"", S. 43

7.5 Individualität und Atomisierung

Folge der Industrialisierung war ein höherer Grad an funktionaler Ausdifferenzierung, welcher zu einer gesteigerten Pluralität von Lebensläufen führte. Funktionale Ausdifferenzierung ist, auf der einen Seite, Basis jedweden zivilisatorischen Fortschritts, andererseits jedoch ist der Wille zur Gemeinschaft Grundlage jeder Form der Vergesellschaftung und Kultur. Essenziell hierfür ist ein gemeinsamer Kanon an Werten und Normen. Dabei ist der Inhalt dieser Werte relativ irrelevant, wichtig ist lediglich, dass sie von der überwiegenden Mehrzahl der Bevölkerung geteilt werden, also deren Sinn für jedermann subjektiv erkennbar ist.

Kennzeichen der Industrialisierung und der damit verbundenen funktionalen Ausdifferenzierung ist die zunehmende Individualisierung der Lebensläufe, was wiederum einen Zerfall des gemeinsamen Wertekanons begünstigte, welcher zunehmend als sinnentleert und belastend empfunden wurde, dessen unbedingte Befolgung jedoch als zur Erhaltung der Gesellschaft unbedingt notwendig erachtet wurde.

8. Die Psychologie der Industrialisierung

Parallel zu dem allmählichen Verlust eines als sinnhaft empfundenen Wertekanons führte die Industrialisierung zu einer, zumindest in Teilen der Bevölkerung, erheblichen Steigerung der Lebensqualität, was wiederum Resultat technischer Entwicklungen war. Zwar wäre es falsch, die Gesellschaft des 19. und frühen 20. Jahrhunderts als eine Überflussgesellschaft im heutigen Sinne zu bezeichnen, im Vergleich zu früheren Jahrhunderten jedoch bot die Industriegesellschaft ein nie zuvor dagewesenes Maß an Sicherheit und Bequemlichkeit.[58] Die Industriegesellschaft gestattete es dem Menschen des 19. Jahrhunderts, sich in einem relativen Überfluss einzurichten. Sowohl Gesellschaft als auch Technik waren zu einer solch hohen Komplexität entwickelt, dass sie von der Bevölkerung nicht mehr oder nur schwerlich erfasst und daher als Form der Natur wahrgenommen wurden. Somit wurde auch die gesteigerte Lebensqualität nicht als Resultat technischen und zivilisatorischen Fortschritts erachtet, sondern als quasi natürlich erwachsen wahrgenommen. Dementsprechend ging auch das Verständnis für die Notwendigkeit der ständigen individuellen Leistung zur Erhaltung des zivilisatorischen Standards verloren. Damit einher ging der allmähliche Verlust zivilisierter und sozialer Verhaltensmuster, ein Prozess, den Ortega y Gasset treffend als *„Vertikaleinfall der Barbarei“*[59] bezeichnet und an dessen Ende in letzter Konsequenz Remarques *„Menschentiere“* stehen. Dieser allmähliche Verlust des sozialen Bewusstseins betraf jedoch nicht nur die Bevölkerung, sondern auch jene Bevölkerungsgruppen, die sich anschickten, das von der Feudalaristokratie hinterlassene Machtvakuum zu füllen.

8.1 Wissenschaft und Spezialisierung

Die Technik der Industriegesellschaft des 19. Jahrhunderts konstituierte sich aus der Verbindung von kapitalistischer Produktionsweise und Experimentalwissenschaft.

Wie bereits erläutert, basiert nicht jede Form von Technik auf der modernen Naturwissenschaft europäischer Prägung, sondern ist elementarer Bestandteil des Menschen selbst. Vorindustrielle Kulturen, wie etwa die altägyptische, erreichten einen hohen Grad an technischen Fertigkeiten, ohne über Wissenschaft im heute gebräuchlichen Sinne zu verfügen. Die Entwicklung technischer, im Sinne industriell erzeugter, Güter aus der Verbindung von Natur-

---

[58] Jose Ortega y Gasset: „Der Aufstand der Massen“, S. 105

[59] ebd., S.84

wissenschaft und Kapitalismus ist daher Merkmal eines europäischen Sonderweges. Der Beginn der europäischen Experimentalwissenschaft liegt im Ende des 16. Jahrhunderts, ab etwa der Mitte des 18. Jahrhunderts begann ihre Entfaltung sowie die Durchdringung der Gesellschaft.

Folge der funktionalen Ausdifferenzierung sowie des enormen Bevölkerungsanstiegs im Europa des 19. Jahrhunderts war eine gewisse Komplexitätssteigerung im Bereich der gesellschaftlichen Organisation, welche wiederum zu einer subjektiv wahrgenommenen Anonymisierung der Gesellschaft, wie von Fontane beschrieben, führte.

Gleichzeitig begann die Wissenschaft, sich aus dem gesellschaftlichen Fokus zu entfernen, da ihre Forschungsgegenstände von der Bevölkerung nicht mehr ohne weiteres erfassbar waren, auch wenn sich die Erzeugnisse wissenschaftlicher Forschung in Form technischer Errungenschaften großer Beliebtheit erfreuten.

Das Fortschreiten der Wissenschaft machte wiederum eine Spezialisierung derjenigen erforderlich, welche Wissenschaft betrieben. Das Idealbild der Renaissance, der Universalgelehrte, verkam zum Anachronismus, da die Fülle wissenschaftlicher Erkenntnis für den Einzelnen nicht mehr in Gänze erfassbar war.

Folge war die Ausbildung eines besonderen Gelehrtentypus, des Spezialisten. In den Jahrhunderten vor der Industrialisierung konnte man die Menschen in zwei Kategorien einteilen, in Gelehrte und Unwissende. Der Spezialist hingegen lässt sich mit keiner dieser Begriffe erfassen. Er ist in seinem Fachgebiet genau informiert und gebildet, kümmert sich jedoch nicht um Bereiche, die außerhalb dessen liegen und ist auf diesen Gebieten nicht wesentlich besser informiert als der Durchschnittsmensch. Die Reputation, welche ihm aufgrund seiner Autorität innerhalb seines Wissensgebietes entgegengebracht wird, führt dabei jedoch zu einer gewissen Hybris, die ihn dazu verleitet, sich auch außerhalb seines Fachbereiches, in Gebieten also, die außerhalb seiner Kompetenzen liegen, als Experte zu fühlen.[60] Vertreter dieses einseitigen Expertentums gleichen in ihrer Weltauslegung dem, was zuvor als besonderes Kriterium des Massenmenschen erörtert wurde: mangelndes Bewusstsein für die Komplexität und Fragilität der Zivilisation, welche sie hervorbrachte. Ein Vertreter dieses besonderen Gelehrtentypus findet sich in dem letzten, im Rahmen dieser Untersuchung zu behandelnden Werk.

---

[60] Jose Ortega y Gasset: Der Aufstand der Massen, S.117

9. Georg Büchner: Woyzeck

Georg Büchners Dramenfragment „*Woyzeck*“ entstand um das Jahr 1836, es ist somit das älteste literarische Werk im Rahmen dieser Untersuchung. Da das Stück unvollendet blieb, ist die genaue Reihenfolge der Einzelszenen umstritten, was ehebliche Freiräume bei der Interpretation offenlässt. Trotz seines fragmentarischen Charakters verfügt Büchners Werk über eine umfangreiche Rezeptions- und Wirkungsgeschichte, worauf im Folgenden jedoch nur am Rande eingegangen werden soll.

Eine der Hauptursachen für die in „*Woyzeck*“ beschriebenen Konflikte entfaltet sich aus der Konstellation dreier Personen, die wiederum prototypisch für gesellschaftliche Gruppen der frühen Industrialisierung stehen und an welchen sich einige derer typischen psychologischen Charakteristika zeigen.

In Anbetracht seiner Entstehungszeit in der ersten Phase der Industrialisierung lassen sich hier einige Ursachen für jene Entwicklungen finden, die auf den vorhergehenden Seiten beschrieben wurden und deren Auswirkungen sich sowohl in den später erschienenen und hier bereits untersuchten literarischen Werken als auch in der zeitgenössischen Gegenwart niederschlugen. Daher soll Büchners Stück den Abschluss dieser Untersuchung bilden.

In den Figuren Woyzecks, des Hauptmannes sowie des Doctors manifestieren sich die Vertreter der Masse, des Adels sowie des Bürgertums und deren Denkweisen und Ideologien.

9.1 Die Rolle der Gesellschaft

In „Woyzeck“ zeichnet Büchner ein Bild der gesellschaftlichen Wirklichkeit Deutschlands, wie sie in der Restaurationsperiode nach 1815 entsteht. Die über Jahrhunderte tradierten und religiös legitimierten Herrschaftsstrukturen wurden aufgrund der Ereignisse um 1789 grundlegend erschüttert, auch wenn die hervorgerufenen Umwälzungen zunächst nicht beabsichtigt waren. Nach dem Sieg über Napoleon im Jahr 1815 begann der Versuch, das feudalistische Herrschaftssystem wiederherzustellen. Hierzu gehörte unter anderem die Verweigerung einer Verfassung, geheimer Wahlen, allgemeiner Pressefreiheit sowie der Garantie von Bürgerrechten. Der Versuch einer Restauration konnte jedoch nicht gelingen, da die religiös legitimierte Herrschaft keinen Rückhalt in der Bevölkerung mehr genoss. Somit bestand ständig die Gefahr von Aufständen, weshalb das Militär, das sich bis zum Ersten Weltkrieg in seinen Führungspositionen hauptsächlich aus Adelskreisen rekrutierte, statt zur Landesverteidigung häufig im Landesinneren eingesetzt wurde. Als Folge wurden die adligen Offiziere häufig von den eigentlichen Aufgaben eines Soldaten entfremdet und waren zu einem monotonen Leben in den Garnisonen verpflichtet. Einen solchen feudalaristokratischen Offizier beschreibt Büchner in Gestalt des Hauptmannes.[61]

9.2 Der Hauptmann als Vertreter des Feudalismus

Die Figur des Hauptmanns ist nicht nur durch seine soziale Stellung als ein Vertreter des Feudalismus gekennzeichnet, sondern durch seine gesamte Denk- und Argumentationsweise:

*„Woyzeck, er hat keine Moral! Moral das ist, wenn man moralisch ist, versteht er. Es ist ein gutes Wort. Er hat ein Kind, ohne den Segen der Kirche, wie unser hochehrwürdiger Herr Garnisonsprediger sagt, ohne den Segen der Kirche, es ist nicht von mir"(*S.16).

Der Hauptmann legitimiert seinen Herrschaftsanspruch mithilfe theologischer Argumente sowie aufgrund seiner höheren Moral. Den Mangel an Moral und Tugend, welchen er Woyzeck vorwirft, weiß dieser zwar zu widerlegen, was wiederum aufgrund religiöser Begründungen geschieht, jedoch kompensiert der Hauptmann seine mangelnden Argumente durch das Berufen auf seinen militärischen Rang und die damit verbundenen Sanktionsmöglichkeiten:

„Kerl, will er erschossen [werden], will er ein Paar Kugeln vor den Kopf haben? er ersticht mich mit seinen Augen, und ich mein es gut [mit] ihm, weil er ein guter Mensch ist Woyzeck, ein guter Mensch." (S.23)

Die Mildtätigkeit und der Schutz, den ein Feudalsystem von den höheren für die niederen Stände verlangt, ist beim Hauptmann zu sentimentaler und für Woyzeck demütigender Herablassung verkommen. Wiederholt bezeichnet er Woyzeck als *„guten Menschen",* ohne jedoch in irgendeiner Form Gründe hierfür zu benennen.[62]

Als Repräsentant einer untergegangenen und überlebten Epoche der theologisch legitimierten Herrschaft ist er zu einem Leben in Langeweile und Untätigkeit verdammt:

---

[61] Norbert Kinne: Woyzeck, S.41

[62] ebd., S.42ff

„Beschäftigung, Woyzeck, Beschäftigung! ewig das ist ewig, das ist ewig, das siehst du ein; nun ist es aber nicht ewig und das ist ein Augenblick, ja, ein Augenblick – Woyzeck, es schaudert mich, wenn ich denk, dass sich die Welt in einem tag herumdreht, was für eine Zeitverschwendung, wo soll das hinaus? Woyzeck, ich kann kein Mühlrad mehr sehen, oder ich werd` melancholisch." (S.15f)

Allerdings fürchtet er sich, im übertragenen wie wörtlichen Sinne, vor Bewegung, da dies den Untergang seiner Ordnung bedeuten würde. Von dieser Ordnung geblieben ist ein Gefühl der Überlegenheit gegenüber einfachen Menschen, in diesem Falle Woyzecks, welchen er als *„abscheulich dumm"* tituliert.

Dieses Überlegenheitsgefühl eint ihn mit dem Doctor, welcher als Repräsentant des Bürgertums und der Naturwissenschaft der gesellschaftlich aufstrebenden Gruppe jener Zeit angehört.

9.3 Der Doctor als Repräsentant des Bürgertums

Denk- und Argumentationsweise des Doctors ist durch Rationalität gekennzeichnet. Anders als der Hauptmann begründet er seinen Überlegenheitsanspruch gegenüber Woyzeck nicht religiös, sondern durch Intellekt und vertragliche Bindungen. Woyzeck, der aus finanziellen Gründen einen Vertrag mit ihm abschließen musste, ist dem Doctor ausgeliefert.[63] Die durch den Vertrag eingegangene Verpflichtung ist zwar formal fakultativ, aufgrund der finanziellen Notlage Woyzecks jedoch zugleich erzwungen. Die Hierarchie ist also nicht theologisch, sondern ökonomisch legitimiert.

Die Denkweise des Doctors entspricht der eines Naturwissenschaftlers, allerdings zeigt sich in seiner Argumentationsweise eine einseitige Beschränktheit auf diesen Aspekt. Er zeigt die zuvor beschriebene charakteristische Hybris eines Spezialisten, welcher nichts akzeptiert, was nicht Teil seines Fachgebietes ist:

„Ich hab`s gesehen, mit diesen Augen gesehen, ich streckte gerade die Nase zum Fenster hinaus, um das Niesen zu beobachten, nein Woyzeck, ich ärger mich nicht, Ärger ist ungesund, ist unwissenschaftlich" (S.19).

[63] Norbert Kinne: Woyzeck, S.44

Die Versuche Woyzecks, dem Wesen der Gesellschaft und der Natur einen transzendentalen Sinn zuzuweisen, werden als unwissenschaftlich und daher illegitim abgetan. Somit steht die Naturwissenschaft in Konflikt mit dem Feudalismus, welcher die bestehende Gesellschaftsordnung als gottgewollt begreift.[64]

Kennzeichen der Weltanschauung des Doctors ist die Vorstellung von der grenzenlosen Manipulierbarkeit der Natur und deren Unterwerfung unter den menschlichen Willen:

„Die Natur kommt, die Natur kommt! Die Natur! Hab` ich nicht nachgewiesen, dass der Musculus constrictor vesicae dem Willen unterworfen ist? Die Natur! Woyzeck, der Mensch ist frei, in dem Menschen verklärt sich die Individualität zur Freiheit" (S.19).

Seine Ideologie von der grenzenlosen Unterwerfbarkeit der Natur mittels der allmächtigen Wissenschaft gleicht der Figur Hauke Haiens, welche Theodor Storm etwa 50 Jahre später entwarf.

Georg Büchner schildert in *„Woyzeck"* auch die Umbruchphase der Frühindustrialisierung und die damit verbundenen sich verändernden Machtverhältnisse. Die Herrschaft des Adels wurde sukzessive durch das aufstrebende, naturwissenschaftlich geprägte Groß- und Bildungsbürgertum abgelöst, ein Vorgang, welcher bis zum Ende des 19. Jahrhunderts andauerte. Das Ergebnis dieses Kompensations- und Neuorientierungsprozesses des Adels beschreibt etwa Theodor Fontanes *„Effi Briest"*.

Das Aufeinandertreffen von Doctor und Hauptmann beschreibt die direkte Konfrontation der Machtansprüche.

9.4 Doctor und Hauptmann

Die Konfrontation von Doctor und Hauptmann in der 9. Szene personifiziert die widerstreitenden Machtansprüche, welche Bürgertum und Adel zu Beginn der Industrialisierung jeweils an die Bevölkerung und somit auch Woyzeck haben.

Wie bereits erwähnt, befinden sich Naturwissenschaft und Feudalismus in einem gewissen Gegensatz, da Erstere die gesamte Welt und somit auch die Gesellschaftsordnung als prinzi-

[64] Norbert Kinne: Woyzeck, S.46

piell katalogisier- und planbar betrachtet, während der Feudalismus diese als theologisch legitimiert ansieht.

Dementsprechend gestaltet sich das Treffen der Vertreter dieser Ideologien. Hauptmann und Doctor versuchen, sich in einem grotesk anmutenden Ratespiel hereinzulegen. Hierbei wirft der Hauptmann dem Doctor zunächst dessen Hektik vor:

[...] Rennen Sie nicht so. Rudern Sie mit ihrem Stock nicht so in der Luft. Sie hetzen sich ja hinter dem Tod drein" (S.21).

Auch bringt der Doctor deutlich seine Geringschätzung für den Hauptmann zum Ausdruck:

„Hm, aufgedunsen, fett, dicker Hals, apoplektische Konstitution. Ja Herr Hauptmann sie können eine Apoplexia cerebralis kriechen, sie können aber vielleicht auch nur auf der einen Seite bekommen, und dann auf der einen gelähmt sein, oder sie können im besten Fall geistig gelähmt werden und nur fortvegetieren, das sind so ohngefähr ihre Aussichten auf die nächsten vier Wochen." (S.21)

Mittels dieser objektiv anmutenden Diagnose verdeutlicht der Doctor die verheerenden Folgen körperlichen, geistigen und auch gesellschaftlichen Stillstands. Als Vertreter des Bürgertums hingegen sieht es der Doctor als seine Pflicht an, sich zu bewegen, körperlich und geistig aktiv zu sein und Veränderung und Fortschritt zu befürworten.

Die Gegnerschaft der widerstrebenden Ideologien erscheint unüberbrückbar, als einigender Faktor erscheint im zweiten Teil der Szene die Figur Woyzecks als Vertreter der Massen.[65] Feudalismus und Wissenschaft stehen sich also unversöhnlich gegenüber, Einigkeit besteht lediglich in ihrem Überlegenheitsgefühl gegenüber der von Woyzeck verkörperten Bevölkerung. Dieser zeichnet sich in Anbetracht der wechselnden Machtverhältnisse durch seine Passivität aus. Woyzeck, und hier ist er ganz Repräsentant der Bevölkerung, hegt nicht einmal den Wunsch, selbst eine Machtposition zu bekleiden. Zwar leidet er unter der Rolle des Beherrschten, nimmt dieses Schicksal jedoch mit fatalistischer Schicksalsergebenheit hin.

[65] Norbert Kinne: Woyzeck, S.46

9.5 Woyzeck als Vertreter der Massen

Während Doctor und Hauptmann als Vertreter der um Machtinteressen ringenden neuen und alten Oberschicht fungieren, manifestiert sich in der Figur des Woyzeck selbst ein Vertreter der armen Bevölkerung, der Massen. Dessen Charakter konstituiert sich vor allem aus zwei Aspekten: Isolation und Wahnsinn. Hier besteht eine Parallele zum einen zu den Figuren in Fontanes *„Effi Briest"*, welche ebenfalls unter gesellschaftlicher Anonymisierung zu leiden haben, zum anderen auch zu Gerhard Hauptmanns *„Bahnwärter Thiel"*, dessen Wahn ebenfalls mit dem Mord an dessen Frau einhergeht.

9.5.1 Die soziale Isolierung Woyzecks

Woyzecks gesellschaftliche Isolierung ist umfassend. Seine Umwelt reagiert unverständig, abweisend und bisweilen sogar feindselig. Die gesellschaftliche Trennung zwischen Woyzeck und dem Hauptmann basiert primär auf der militärischen Hierarchie, welche dieser zu umfassender Demütigung und den Verweis auf dessen mangelnde Tugend und Moral zu nutzen weiß.[66] Andererseits verweist Woyzeck selbst mehrmals auf die soziale Distanz, um unliebsame Diskussionen diesbezüglich zu beenden:

„Ja Herr Hauptmann, die Tugend! Ich hab`s noch nicht so aus. Sehn Sie wir gemeinen Leut, das hat keine Tugend, es kommt einem so die Natur, aber wenn ich ein Herr wär und hätt ein Hut und eine Uhr und en Anglaise und könnt vornehm reden, ich wollt schon tugendhaft sein. Es muss was Schöns sein um die Tugend, Herr Hauptmann. Aber ich bin ein armer Kerl." (S.17)

Die Demütigungen, welche Woyzeck von Seiten des Doctors wiederfahren, sind hingegen nicht aktiver Natur, sondern Ergebnis der Degradierung Woyzecks vom Subjekt zum reinen Forschungsobjekt. Der Doctor scheint keinerlei Gespür für die Erniedrigungen und körperlichen wie psychischen Schäden zu besitzen, die er Woyzeck zufügt, da er allein auf eine rein experimentell-naturwissenschaftliche Denkweise fokussiert zu sein scheint, zwischenmenschliche oder soziale Aspekte jedoch entweder nicht wahrnimmt oder für irrelevant erachtet:

[66] Norbert Kinne: Woyzeck, S.32f

„Meine Herren, sie können dafür was anders sehen, sehen sie der Mensch, seit einem Vierteljahr isst er nichts als Erbsen, bemerkten sie die Wirkung, fühlen sie einmal was für ein ungleicher Puls, da und die Augen.“ (S.24)

Die Trennung des Doctors und Woyzecks besteht also nicht, wie im Fall des Hauptmanns, aufgrund militärhierarchischer oder feudaler Bedingungen, sondern aufgrund der eingeschränkt fachspezifischen Denkweise des Doctors einerseits und der vertraglichen Bindung Woyzecks andererseits.

Auffallend ist jedoch, dass die soziale Isolation Woyzecks nicht dessen Verhältnis zu formal höhergestellten Personen betrifft, sondern auch jene Personen, welche der gleichen gesellschaftlichen Schicht angehören.[67]

So ist auch Woyzecks Verhältnis zu seinem Kameraden Andres von Gleichgültigkeit und Unverständnis geprägt. Trotz der sozialen Nähe ist Andres nicht in der Lage, Woyzecks Gemütszustand nachzuempfinden, Gespräche kommen nicht zustande oder beschränken sich auf oberflächliche Themen. Andres blockt, wie in der Eingangsszene, unliebsame Themen ab, indem er ein Lied singt, oder führt Woyzecks Wahnvorstellungen auf eine Erkrankung zurück, welche mit Medizin zu behandeln sei.

„Du musst Schnaps trinken mit einem Pulver drein, das schneidt das Fieber.“ (S.28)

9.5.2 Der Wahn Woyzecks

Den Wahnvorstellungen, die Woyzeck befallen und denen er letztendlich erliegt sind eng mit den anderen Motiven in Büchners Werk verbunden. Die Halluzinationen verstärken Woyzecks soziale Vereinsamung, da zum einen sein Kamerad Andres sich von ihm zunehmend distanziert, zum anderen die psychotischen Anfälle auch Marie, die sich vor ihm ängstigt, von ihm entfremden:

„Was hast du Franz? Du bist hirnwütig Franz“ (S.18).

[67] Norbert Kinne: Woyzeck, S.33

In seinem Alltag hingegen verhält sich Woyzeck so, wie es von ihm erwartet wird. Charakteristisch ist jedoch, dass die ihn umgebenden Umwelteindrücke, insbesondere die Geräusche der Natur für ihn eine zweite, tiefere Bedeutung zu haben scheinen: [68]

„Andres! Wie hell! Ein Feuer fährt um den Himmel und ein Getös herunter wie Posaunen. Wie's heraufzieht! Fort. Sieh nicht hinter dich" (S.9).

In den Stimmen, welche er von Seiten der Natur wahrzunehmen glaubt, manifestieren sich Woyzecks Ängste, sein Gefühl des Ausgeliefertseins an die sozialen Umstände sowie seine Ohnmacht in Anbetracht der fortlaufenden Demütigungen durch die höheren Stände wie auch durch Marie. Hier besteht eine Parallele zu Gerhard Hauptmanns Novelle. Der Mord an seiner Frau respektive Geliebten stellt den Versuch einer Kompensation seiner Ohnmacht angesichts übermenschlich erscheinender Kräfte dar.

Sowohl Thiel als auch Woyzeck greifen in Anbetracht der Umstände, die für sie jeweils übermächtig und damit unkontrollierbar erscheinen und daher wieder als Natur wahrgenommen werden, in einer Form des Atavismus auf vorwissenschaftliche Techniken der Umweltmanipulation, wie das Deuten von Zeichen oder Visionen, zurück.

9.6 „Woyzeck" als frühindustrielle Vorahnung

In *„Woyzeck"* als Werk der Frühindustrialisierung deuten sich also einige Aspekte an, die in den übrigen hier behandelten literarischen Werken der Hoch- und Spätindustrialisierung verstärkt zum Vorschein traten. Zum einen beschreibt das Stück den Übergang von der theologisch zur rational legitimierten Herrschaft, personifiziert in den Figuren des Hauptmanns und des Doctors.

In der Figur des Doctors zeigt sich bereits die charakterliche Disposition Hauke Haiens aus Theodor Storms *„Der Schimmelreiter"*, ein zweckrational operierender, rein naturwissenschaftlich denkender Pragmatiker, welcher zugleich ruhmsüchtig nur auf das eigene Werk bedacht die Belange des Volkes sowie die Tradition ignoriert und damit die Katastrophe heraufbeschwört.

---

[68] Norbert Kinne: Woyzeck, S.40

Der Hauptmann als Vertreter des in Agonie verfallenen Feudalsystems hingegen weist auf die Notwendigkeit der Neuorientierung des Adels in Anbetracht sich verändernder gesellschaftlicher Umstände hin, wie sie die adligen Hauptfiguren in Fontanes *„Effi Briest"* bereits zum Teil vollzogen haben. Durch die verstärkte Orientierung am bürgerlichen Wertekanon fielen sie hingegen demselben Schicksal anheim wie Büchners titelgebende Figur selbst: Der Vereinsamung in einer subjektiv empfundenen Anonymisierung der Gesellschaft, dem *„tyrannisierenden Gesellschaftsetwas"*.

Woyzeck selbst nimmt das Schicksal von Gerhard Hauptmanns *„Bahnwärter Thiel"* voraus, welcher in Anbetracht einer immer komplexer werdenden Gesellschaft mit dem Fortschritt nicht mehr Schritt zu halten in der Lage ist und ob der wahrgenommenen Ohnmacht und Hilflosigkeit in Wahn und Gewalt verfällt.

Alle Aspekte münden schließlich in Remarques Darstellung des 1. Weltkrieges als grausamen Höhepunkt dieser Entwicklung. Hochentwickelte Waffentechniken auf Basis naturwissenschaftlichen Denkens schaffen eine Welt des nackten Überlebenskampfes, die sich von einer anonymisierten Gesellschaft zu einem anonymisierten Töten und Getötetwerden gewandelt hat. Die Technik, die der Mensch erschuf, wandte sich gewissermaßen gegen ihn, ebenso wie die Gesellschaft, welche diese hervorbrachte.

10. Resümee

Ziel dieses Buches war eine Untersuchung der sich industrialisierenden Gesellschaft des 19. Jahrhunderts sowie die Beziehung, in welcher technische Innovation zu gesellschaftlichen Prozessen und Organisationen standen. Dabei wurde die Annahme vorausgesetzt, dass eine gewisse Wechselwirkung zwischen Technik und Gesellschaft besteht. Nach Abschluss dieser Untersuchung ergibt sich zum einen die Schlussfolgerung, dass aufgrund der industriellen Revolution und der damit verbundenen ökonomischen und politischen Konsequenzen unterschiedlichste Bereiche der europäischen Gesellschaft einem grundlegenden Transformationsprozess unterworfen waren, sich diese Veränderungen zum anderen anhand der Literatur jener Zeit nachvollziehen lassen.

Der zeitliche Rahmen dieser Untersuchung wurde bewusst weit gewählt, um eine möglichst große Anzahl an Aspekten einbeziehen zu können sowie deren Genese darzulegen. Wie zu Beginn erläutert, begann die industrielle Entwicklung aufgrund der Korrelation dreier Faktoren, Naturwissenschaft, Technik sowie kapitalistische Produktionsweise. Jeder einzelne dieser Faktoren ist zwar kulturgeschichtlich weitaus älter, die „moderne Gesellschaft" jedoch konnte erst entstehen, nachdem diese Aspekte in eine dialektische Beziehung zueinander traten und sich wechselseitig verstärkten.

Die Frage, weshalb diese wechselseitige Bedingtheit sich erst zu einem solch vergleichsweise späten Zeitpunkt entwickelte, lässt sich aufgrund der gewonnenen Erkenntnisse wie folgt beantworten: Der Aufstieg der Naturwissenschaft ins Zentrum gesellschaftlicher Wahrnehmung konnte erst erfolgen, nachdem der Feudalismus und die damit verbundene theologisch legitimierte Gesellschaftsordnung aufgrund der Ereignisse von 1789 ihren Rückhalt in der Bevölkerung verloren hatten. Zwar wurde mit der Restauration nach 1815 der Versuch einer erneuten Etablierung unternommen, ohne den emotionalen Rückhalt in der Bevölkerung verkam die Macht des Adels jedoch zu einer hohlen Farce, die nur mit vehementer militärischer Gewalt aufrechterhalten werden konnte. An die Stelle der Theologie trat die Naturwissenschaft und deren rationale Weltdeutung.

Georg Büchner beschreibt in *„Woyzeck"* diesen Machtwechsel während der Frühindustrialisierung in Form der Konfrontation von Doctor und Hauptmann. Gleichzeitig deutet sich in Büchners Werk mit der Figur des Doctors bereits die Ausbildung des Spezialisten an, also des einseitig auf sein Fachgebiet fokussierten rationalen Menschen, der ob seiner wissenschaftlichen Neugier und seines Strebens nach Profilierung das Wohl der Bevölkerung vergisst. Die

Bevölkerung selbst in Gestalt Woyzecks nimmt diesen Machtwechsel passiv hin, gerät damit von einer fatalistischen Schicksalsergebenheit in eine andere hinein und vergibt damit die sich nach 1789 ergebene Gelegenheit, selbst die Macht zu ergreifen.

Diese drei in *„Woyzeck"* beschriebenen Gruppen, also Bevölkerung, Adel und Wissenschaft, sowie deren Entwicklungsprozesse finden sich getrennt voneinander in den literarischen Werken der Hochindustrialisierung wieder.

In *„Effi Briest"* beschreibt Theodor Fontane das Schicksal des seiner eigentlichen Macht beraubten Adels. Die Kompensation dieses sukzessiven Bedeutungsverlustes suchen Fontanes adlige Figuren zum einen in einer verstärkten und bisweilen übertrieben anmutenden Orientierung an Moral- und Tugendbegriffen des ökonomisch wie gesellschaftlich aufstrebenden Bürgertums, zum anderen in einem Rückzug ins Privatleben. Diese Suche nach dem „kleinen Glück", sowie gepflegte Langeweile, gesellschaftliche Zusammentreffen und wechselseitiger Selbstinszenierung bestimmten das Leben des Adels, bis mit dem Ende des Ersten Weltkriegs auch der Feudalismus zu seinem definitiven Ende kam.

Die Entwicklung des Naturwissenschaftlers, die Büchner in der industriellen Frühphase in der Figur des Doctors angelegt hat, setzt sich in der Hochindustrialisierung mit der Figur des Hauke Haien in Theodor Storms *„Der Schimmelreiter"* fort. Allein der eigenen Geltung und dem Fortschritt verpflichtet, vernachlässigt das rein rational denkende, schöpferische Individualgenie sowohl seine Verpflichtung der Gemeinschaft als auch der Tradition gegenüber. Der gesellschaftliche Führungsanspruch der Naturwissenschaft führte im Bewusstsein der industrialisierten Gesellschaft zu einem Gefühl der umfassenden Beherrschbarkeit der Welt, bedeutete jedoch gleichzeitig einen Verlust der historischen Bindungen und Traditionen.

Büchner zeigt in *„Woyzeck"* auch das Schicksal des den gesellschaftlichen Umständen hilflos ausgelieferten Massenmenschen. Die industrielle Produktionsweise und die damit einhergehenden sich veränderten Anforderungen sowie die allgemeine Beschleunigung der Welt verlagerten diese Apathie mit der Hochindustrialisierung vom sozialen in den ökonomisch-technologischen Bereich. Daher leidet die Hauptfigur in Gerhard Hauptmanns *„Bahnwärter Thiel"* weniger unter den sozialen Machtverhältnissen als unter dem Diktat der Mechanisierung. Beide Figuren gleichen sich zum einen in ihrer Apathie, zum anderen in der Art der Kompensation dieser subjektiv wahrgenommenen Hilflosigkeit. Diese erfolgt durch den Rückgriff auf vorwissenschaftliche Praktiken der Umweltmanipulation wie Gebet und Visionen, gefolgt von psychischen Erkrankungen, welche schließlich in einen Mord münden.

Das Motiv des Blutrausches als Befreiung aus der Apathie findet sich schließlich auch in Erich Maria Remarques *„Im Westen nichts Neues“*. Die Entwicklung der Herrschaft des Mechanischen über den Menschen erfährt in der Beschreibung der Fronterlebnisse der Gruppe um die Hauptfigur Paul Bäumer seinen konsequenten Höhepunkt. Ergebnis ist eine Welt des Kampfes um das reine Überleben, was zu einer völligen mentalen Abstumpfung und dem Verlust sämtlicher zivilisatorischer Verhaltensweisen führt. Die Industrielle Revolution fand ihr Ende in Form der Technik, welche sie selbst hervorbrachte, und riss die gesamte Gesellschaft und Kultur mit sich in den Abgrund.

Die Ausgangsthese dieser Untersuchung, dass zwischen technischer Entwicklung und gesellschaftlicher Wahrnehmung ein Zusammenhang besteht, muss also modifiziert werden. Beide Aspekte stehen in einem dialektischen Verhältnis zueinander, sie bedingen einander und im Falle einiger gesellschaftlicher Aspekte des 19. und beginnenden 20. Jahrhunderts führte dieses Verhältnis zu einer wechselseitigen Radikalisierung, an dessen Ende zwangsläufig die Katastrophe des Ersten Weltkriegs und der totale Zusammenbruch der gesellschaftlichen Ordnung stand.

Quellen

Primärliteratur:

Georg Büchner: Woyzeck, Stuttgart 2005

Theodor Fontane: Effi Briest, München 2004

Gerhart Hauptmann: Bahnwärter Thiel, Stuttgart 1970

Erich Maria Remarque: Im Westen nichts Neues, Köln/Berlin 1961

Theodor Storm: Der Schimmelreiter, Stuttgart 2001

Sekundärliteratur:

Peter L. Berger/ Thomas Luckmann: Die gesellschaftliche Konstruktion der Wirklichkeit, Frankfurt a.M. 1980

Thomas Degering: Das Verhältnis von Individuum und Gesellschaft in Fontanes „Effi Briest" und Flauberts Madame Bovary, Bonn 1978

Klaus Dieckhoff: Romanfiguren Fontanes aus andragogischer Sicht, Frankfurt 1994

Mircea Eliade: Die Religionen und das Heilige, Frankfurt 1986

Winfried Freund: Theodor Storm - Der Schimmelreiter, Paderborn 1984

Lothar Gall/Manfred Pohl: Die Eisenbahn in Deutschland – Von den Anfängen bis zur Gegenwart, München 1999

Arnold Gehlen: Die Seele im technischen Zeitalter, Frankfurt a.M. 2007

Arnold Gehlen: Der Mensch – Seine Natur und seine Stellung in der Welt, Wiebelsheim 1950, 2009

Erving Goffmann: „Wir alle spielen Theater", München 1969

Eberhart Hilscher: Gerhart Hauptmann: Leben und Werk, Frankfurt a.M. 1988

Gesine Jaugey: Stundenblätter „Schimmelreiter" und Judenbuche im Vergleich, Stuttgart 1979

A.Th.Khoury/G.Girschek: Das religiöse Wissen der Menschheit, Freiburg 2002

Norbert Kinne: Woyzeck, Stuttgart 2005

Julia Krüger: Die Bedeutung von Natur und Technik in Gerhart Hauptmanns „Bahnwärter Thiel“, Norderstedt 2008

Mario Leis: Bahnwärter Thiel - Lektüreschlüssel, Stuttgart 2003

Günther Oesterle: Das Kriegserlebnis im für und wider: „Im Westen nichts Neues“ von Erich Maria Remarque, Göttingen 2011

Jose Ortega y Gasset: Betrachtungen über die Technik, Stuttgart 1978

Jose Ortega y Gasset: Der Aufstand der Massen, München 2007

Jürgen Osterhammel: Die Verwandlung der Welt - Eine Geschichte des 19. Jahrhunderts, München 2009

Hubert Rüter: Erich Maria Remarque. Im Westen nichts Neues. Ein Bestseller der Kriegsliteratur im Kontext, Paderborn 1980

Ekkhard Verschau: Theodor Fontane- Individuum und Gesellschaft, Berlin 1983